前田育徳会尊経閣文庫編

尊経閣善本影印集成 59

小右記 四

長和三年冬
長和四年秋冬

八木書店

例言

一、『尊経閣善本影印集成』は、加賀・前田家に伝来した蔵書中、善本を選んで影印出版し、広く学術調査・研究に資せんとするものである。

一、本集成第八輯は、平安古記録を採りあげ、『小右記』『水左記』『台記』（『宇槐記抄』・『宇槐雑抄』・『台記抄』）の三部を十一冊に編成、収載する。

一、加藤友康（明治大学）・尾上陽介（東京大学史料編纂所）の両氏が、本集成第八輯の編集委員を担当した。

一、本冊は、本集成第八輯の第四冊『小右記』四として、原本三十七巻のうち、甲巻十三・乙巻三・甲巻十四・甲巻十五の四巻を収め、カラーで製版、印刷した。

一、料紙は第一紙、第二紙と数え、本文図版の下欄、各紙右端にアラビア数字を括弧で囲んで、(1)、(2)のごとく標示した。

一、本冊の冊尾に、所収書目の書誌的事項を加藤友康氏執筆により「附載」として掲載した。「附載」の末尾に、表紙・本文・補紙・軸の法量表を前田育徳会尊経閣文庫の計測により掲載した。

一、本書の解説は、『小右記』九に収載する。

平成二十九年二月

前田育徳会尊経閣文庫

目次

甲巻十三

長和三年冬

甲巻十三　巻姿／表紙

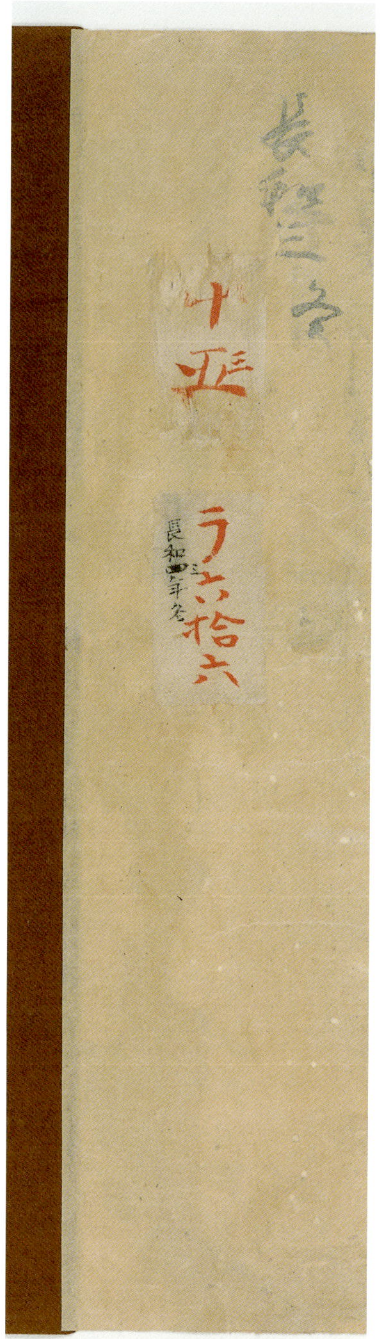

甲巻十三　第一紙裏／表紙見返

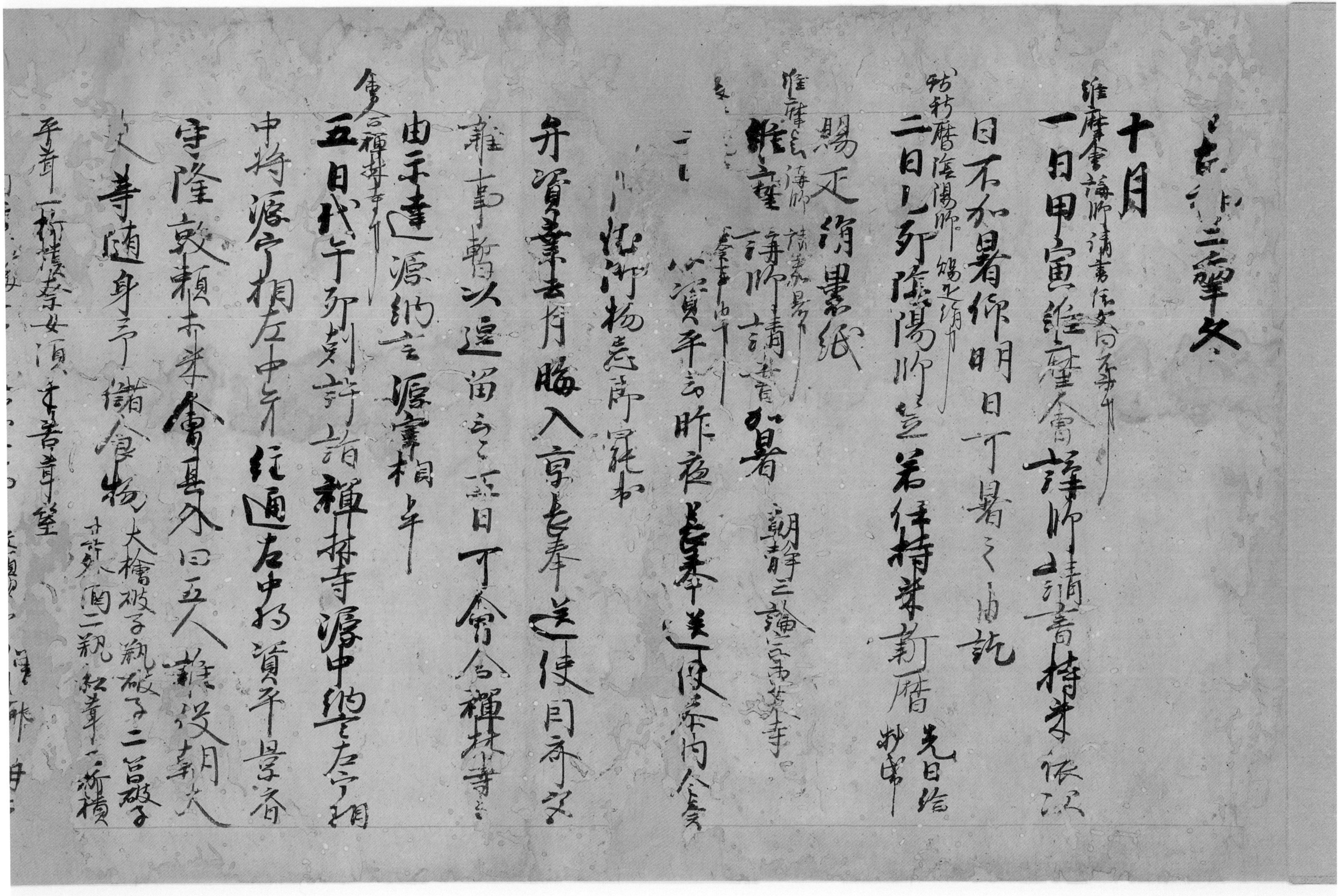

(1)

[illegible]
平茸一折櫃、[illegible]、干茸等坐
[illegible]海菜[illegible]土器等事、數種[illegible]、母之
有驚早歸之色、卿被用意、食物遍及終
日飲食、晩景[illegible]
[illegible]所[illegible]、今達無興、被酔、讀和歌、乘月各分
[illegible]、[illegible]中納言談云、天台座主[illegible]有[illegible]丁讓与安人
云、權僧都明救、前僧院源、是左相府令者、天台座主之職可讓
之由、甚不聞事也、[illegible]、大僧正[illegible]
[illegible]、謂道理[illegible]
六日乙丑、[illegible]
長[illegible]
[illegible]
[illegible]
[illegible]
七日庚申、[illegible]、昨日左[illegible]、吾[illegible]、五十日有
[illegible]食[illegible]左宰相中將[illegible]到右[illegible]
[illegible]又云、右[illegible]、[illegible]卿[illegible]上[illegible]
[illegible]一[illegible]

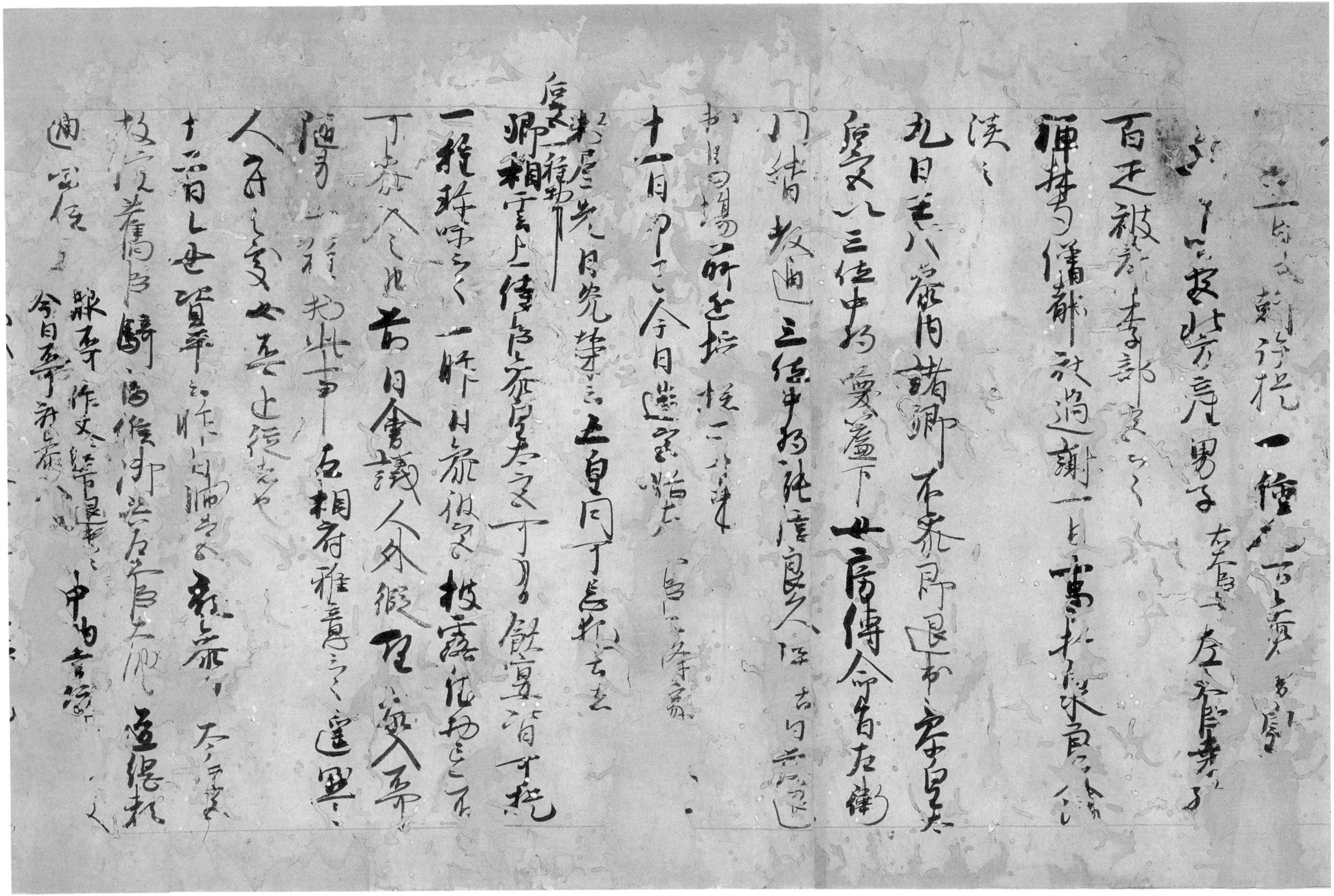

(3)

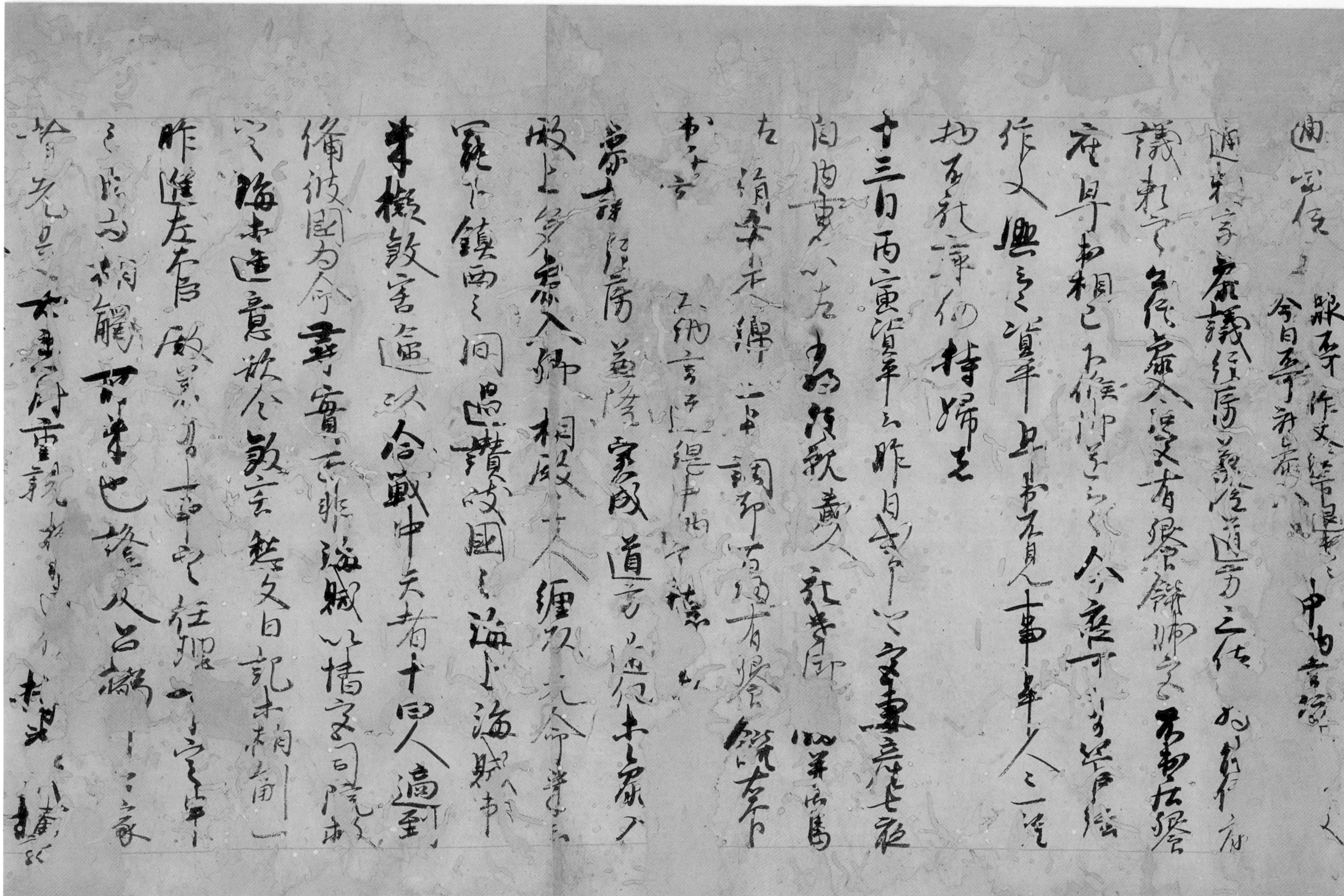

（4）

皆充之、大宰府言上解、被奏之、大臣之奏、
可僚被下宣旨文一通、返給之、
（陣目事）十三日、丁卯、参上、是大外記敦頼朝臣、返事云々、作
家朝、進着陣、召卿了、若有今日議、諸家内
陣座、申參、諸卿未着、參上左大臣之
下給、陣上、陣申刻、諸卿着陣、硯、下官着
在陣座、（依二議事）手加納、不動之、召、聞
蔵人以諸卿、左大臣之外記今取、書、若
大事之下、之、南殿、之、下、二、大
（撰定）（示宣旨）（又可列立）擬蕃書了、之、同大納言、権中納言、左衛門
同列立、又兼相具、使大臣仰之、札、草左大臣之
下官、宣旨、書于、受領功過
今日被下之功課者、皆右少弁経頼、
即在所司、勘文、兼宣旨之、右
当位之明日早参、之
大関卿、退出、大臣以下、着候、破
（冠任歟）
今日参入卿、相左大臣、内大臣、大納言道長、

(5)

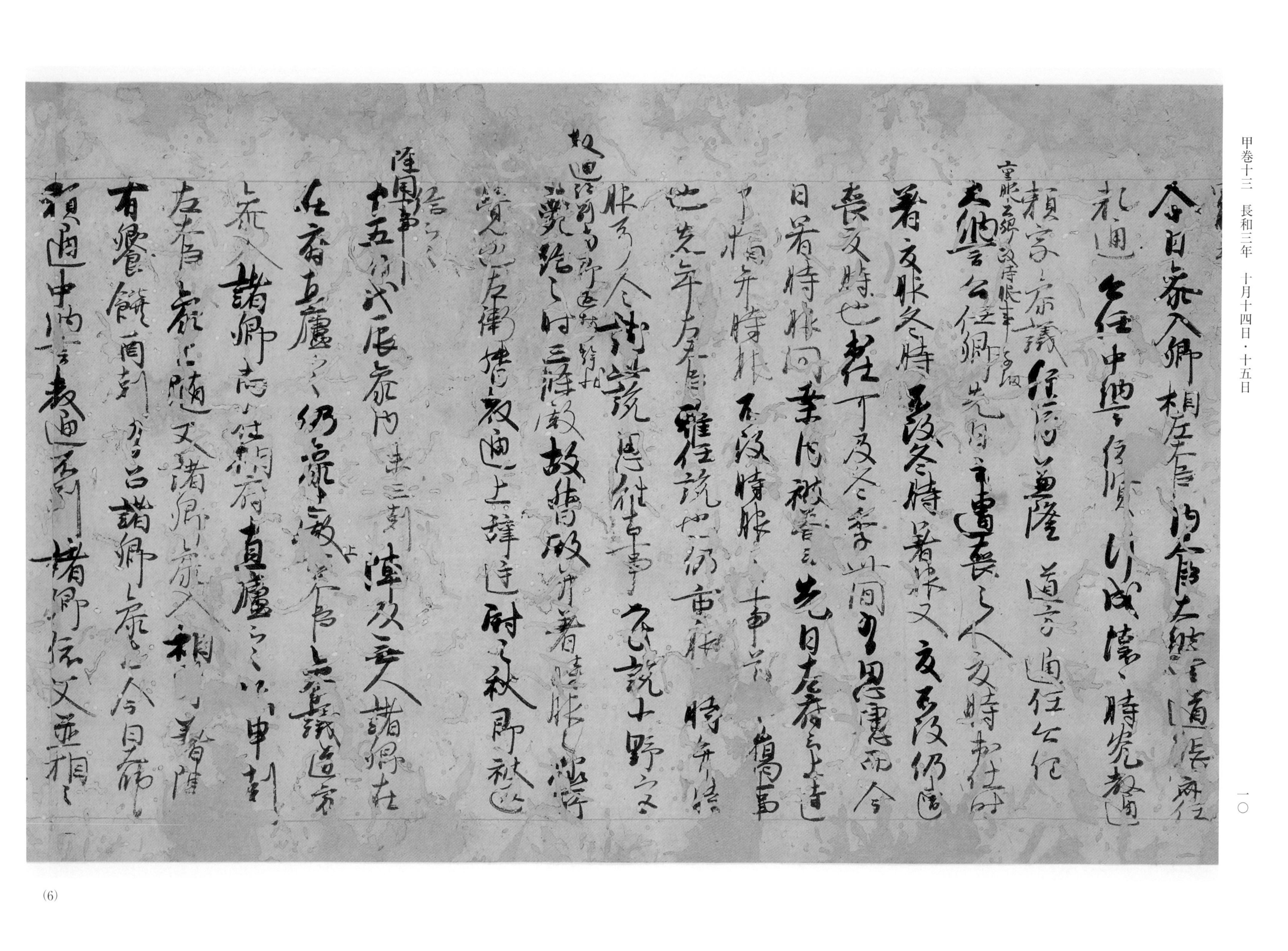

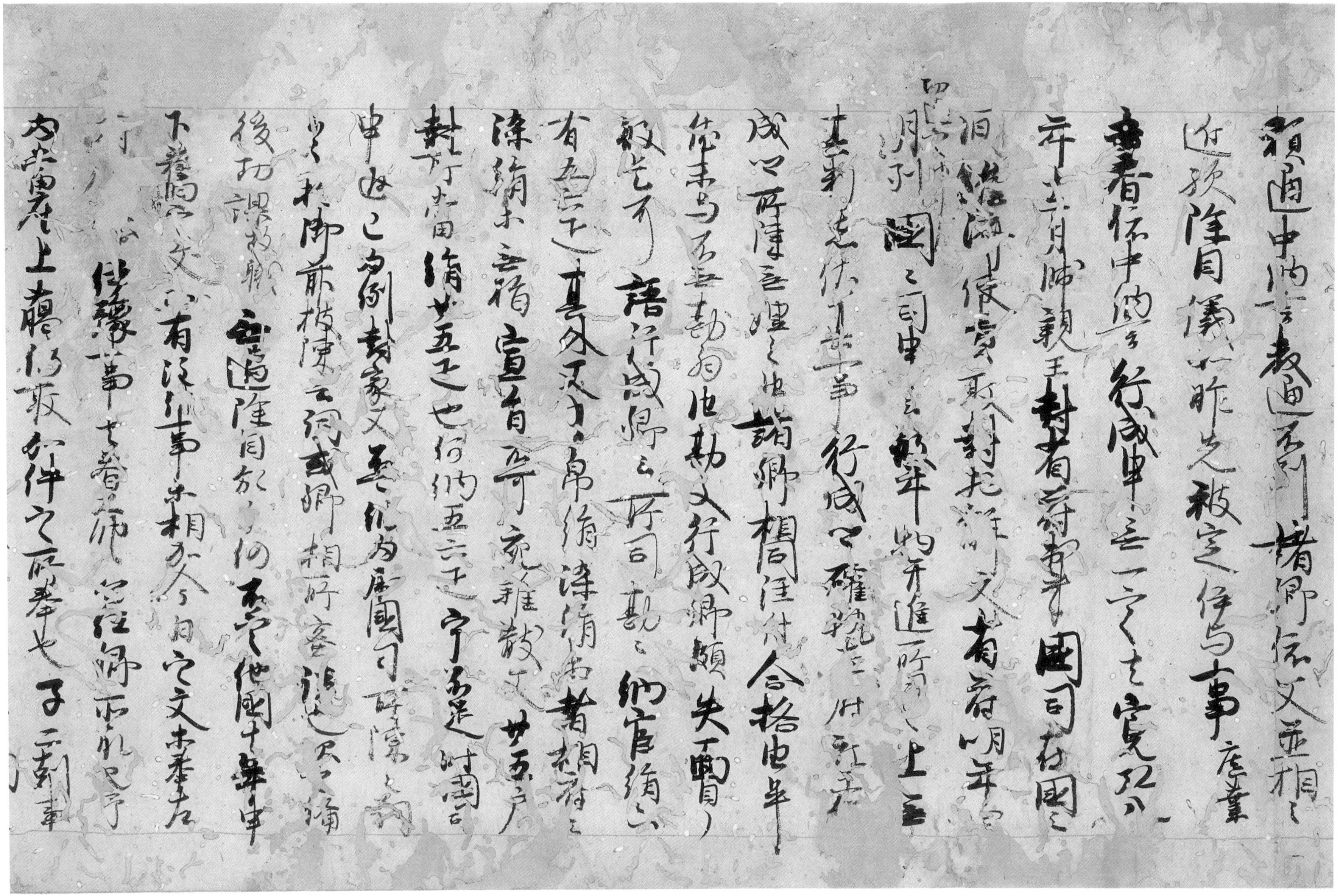

内大臣参上、仍取御伴之所奉也、子二剋事
畢、清書卿中也、頭宰相経房・左大弁道方
有議御名、右大臣可書由、被示経房
今日参入卿相、右大臣・権大納言・新任
頼通・左衛門督・中納言俊賢・行成・時光・[illegible]参
議、任官了、道方執筆、左
八成院居所[illegible]
理義朝臣取下[illegible]件[illegible]階非常赦之事
頼孝朝臣[illegible]後為越前[illegible]上藺[illegible]
廻可治官、被時召下、後申加階、先之亦是行
令更追蒙非常之賞、来不甚故可為行
了、之早出、左大将居[illegible]、来、昨見て
[illegible]経[illegible]之也、慶賀人、来
[illegible]大蔵卿使[illegible]
十七日、今日[illegible]、出之夜、事御悩使之
未時許参、[illegible]之、[illegible]立使也、誠有之甚
以後之例、之尋可然事也、今日以蔵人
木工助[illegible]被奉[illegible]
但馬守[illegible]
今日但馬守[illegible]
[illegible]
[illegible]

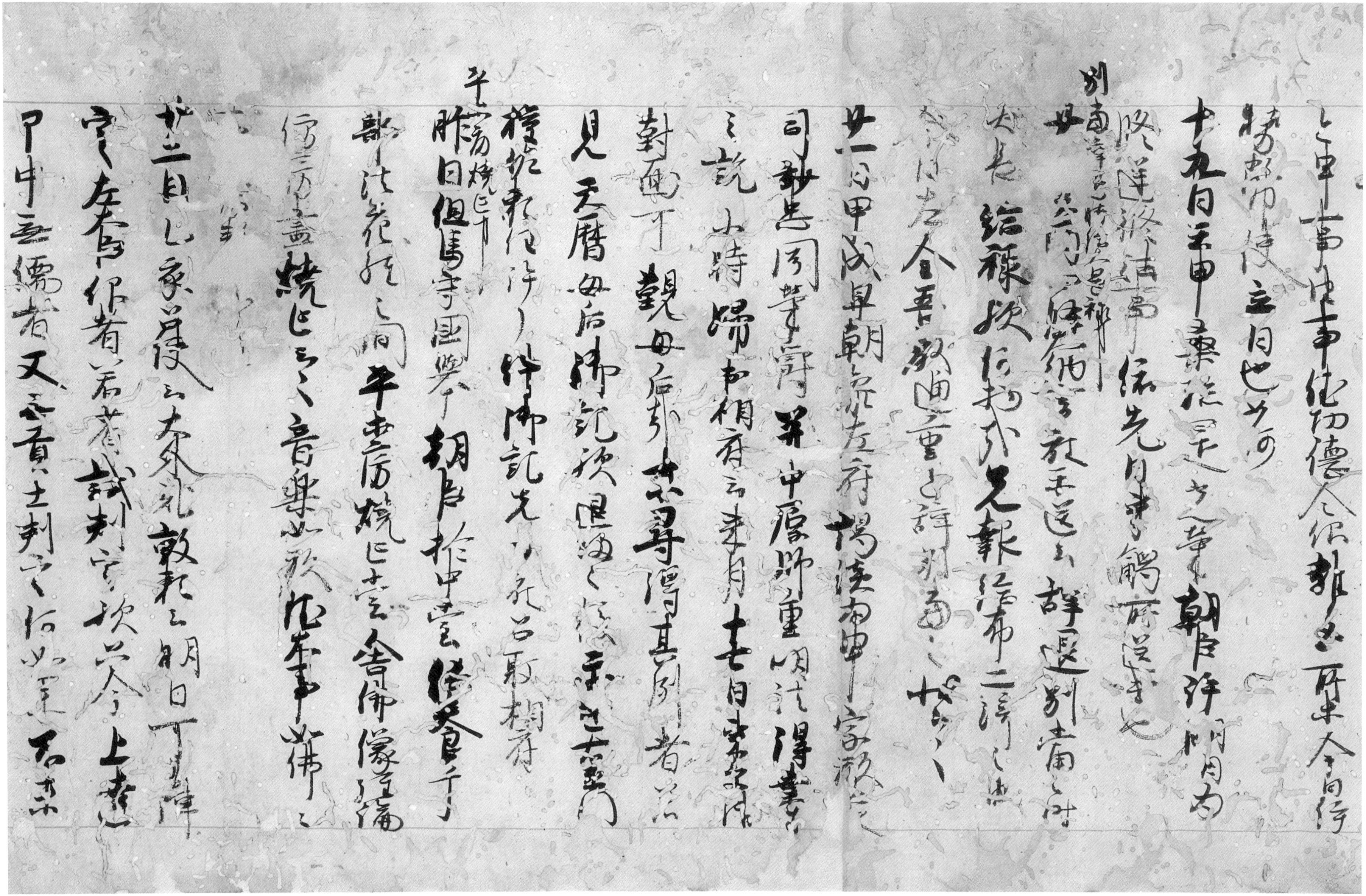

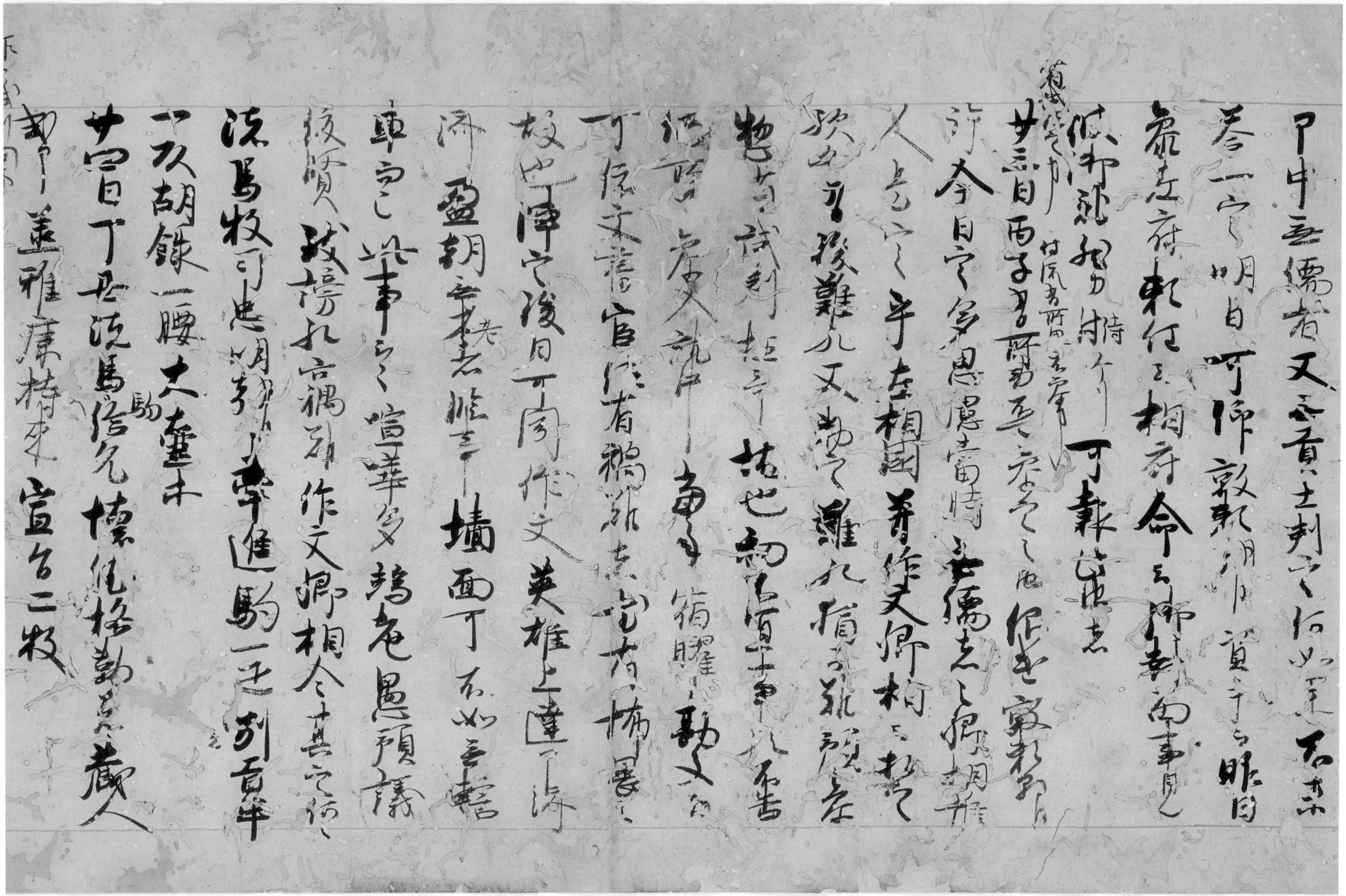

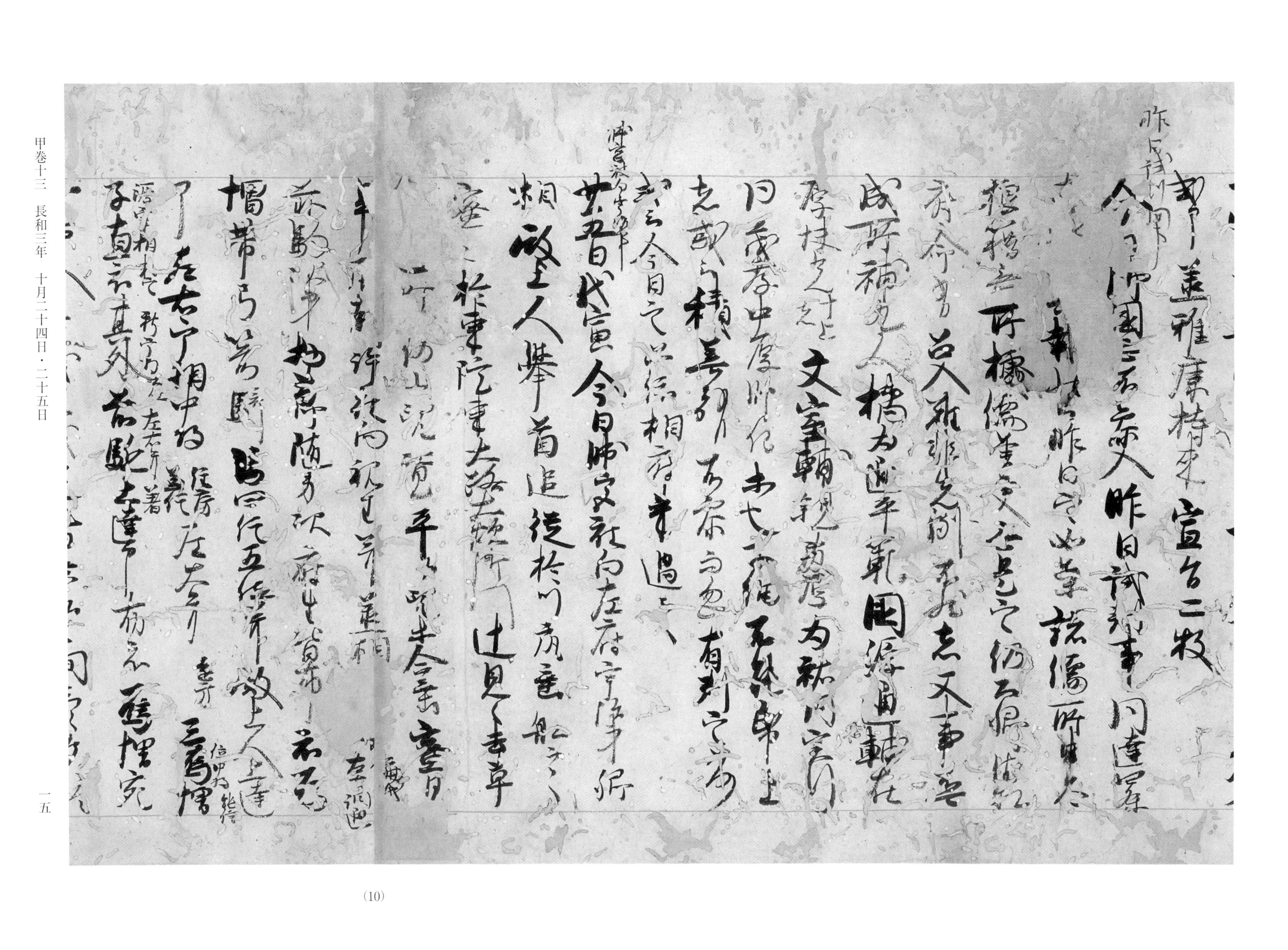

[illegible]

笙并雅康持来宣旨二枚

今日御国忌不奏文、昨日試楽事、同遣召

[illegible]

[illegible]

[illegible]

[illegible]

[illegible]

[illegible]

[illegible]

[illegible]

廿五日、[illegible]

[illegible]

[illegible]

[illegible]

[illegible]

[illegible]

[illegible]

[illegible]

[illegible]

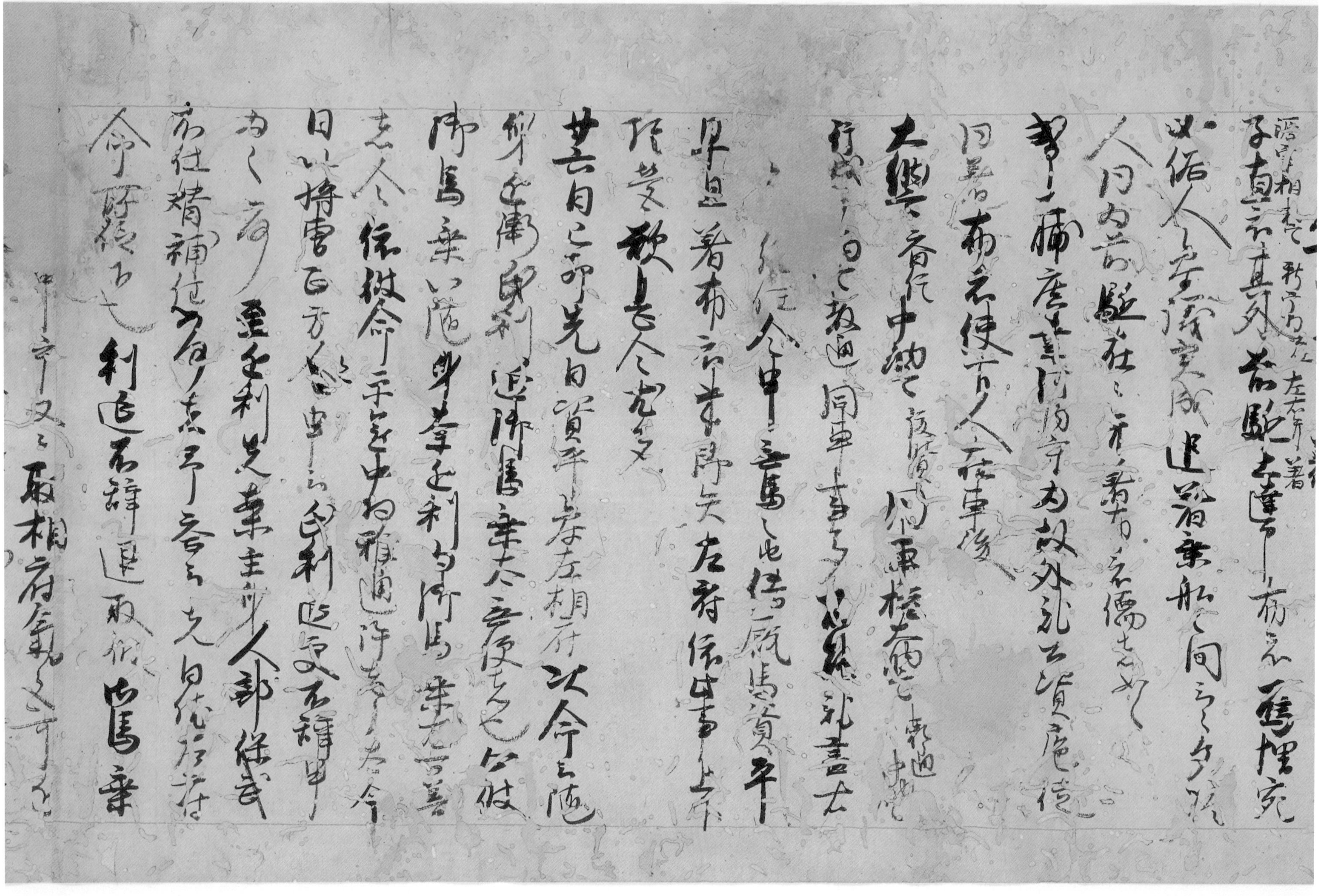

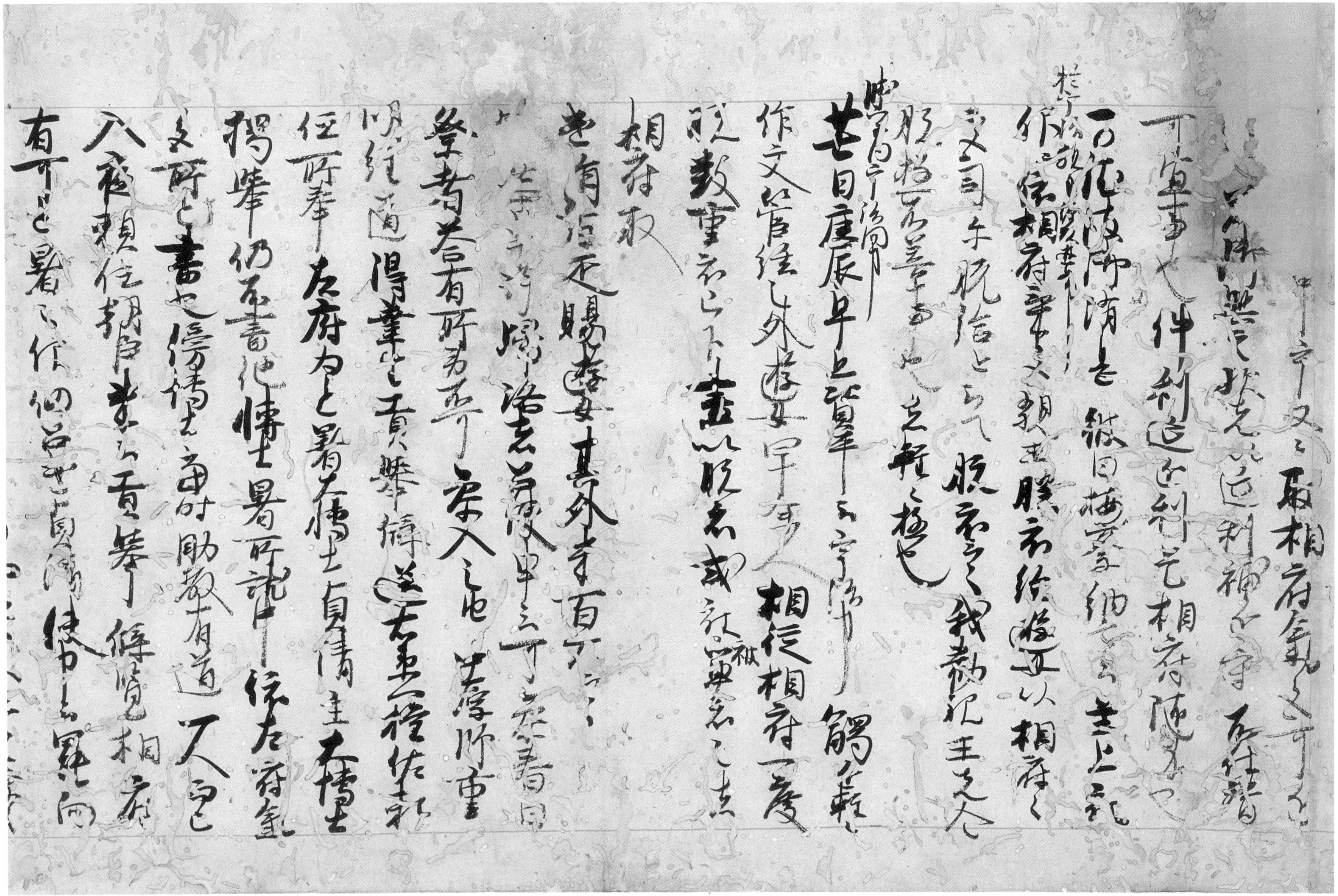

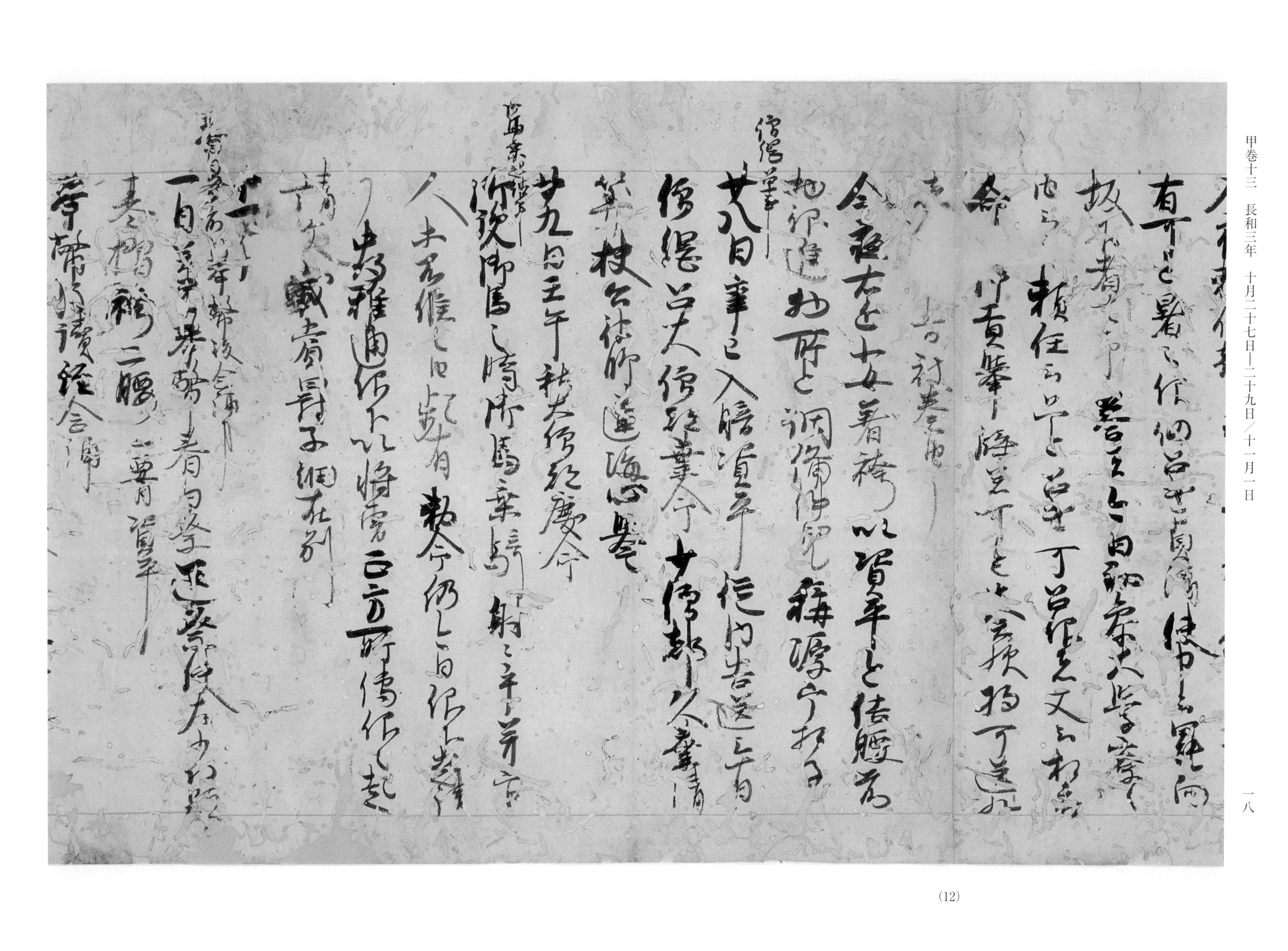

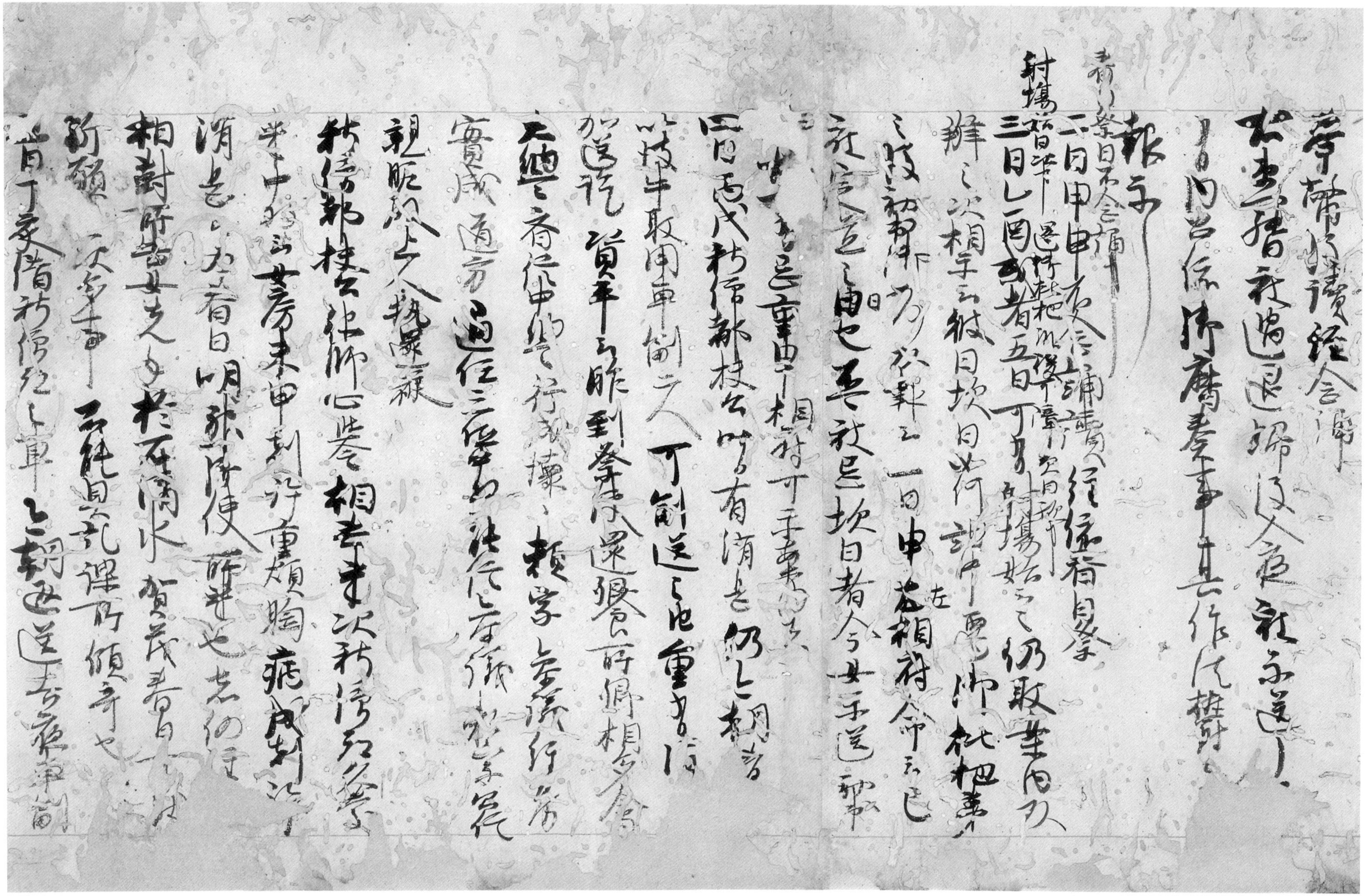

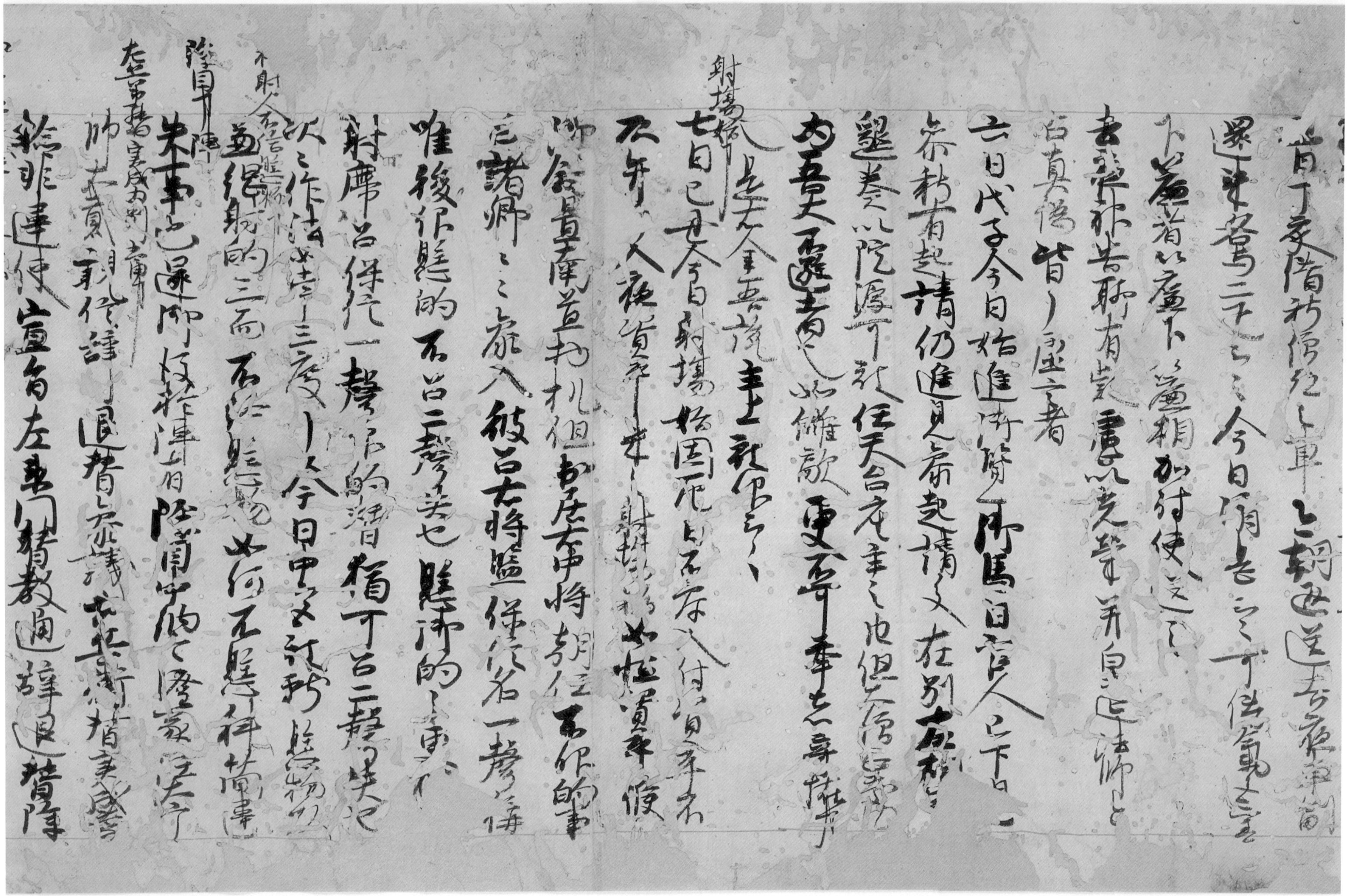

給非違使宣旨、左衛門看督教通・尋良通・着陣
尉等十事、左兵衛尉平行々任佛十事、左衛門転任
者可被任也
今日参入、卿相左右、内府左衛門督、相通小納言
後暁行成参議、道方・左経・外純候
蔵人永代下宣旨白傳之為例
八日、庚寅、参内、諸卿不参、殿上暫候、蔵人左
工助永代下給宣旨、罷出、永代下給宣旨白傳之、仰下
前例不仍察之相尋
不知才学事也、朝延事入三位、貴人陪向者、承不任
事之甚急者、後行之、仍相呼、申書昔
諫諍、頗有不祝気
十日、壬辰、去八月二日、蓋宣復度見去及八月者
八月五日、星月今月七日、蓋久今日蓋了
資平云、昨日内裏、被定女一宮、又左相国皇
卿、相将十余輩追従、内大臣、左大臣、春宮
入夜帰、仍清慎帰
行者申時、月同月同、月之一定之大入、今年、夜盛之、盛
十三日、未、頼任朝臣、傳左府命云、佛事修
善者、参従左近衛中将、以寄之、皆、由当者有之
申上可作官符也、為云、先日有今、仍可仰
但等見人、前例以自解、奏聞、初官符也
可去例、即書官符、并付頼任朝臣、使者

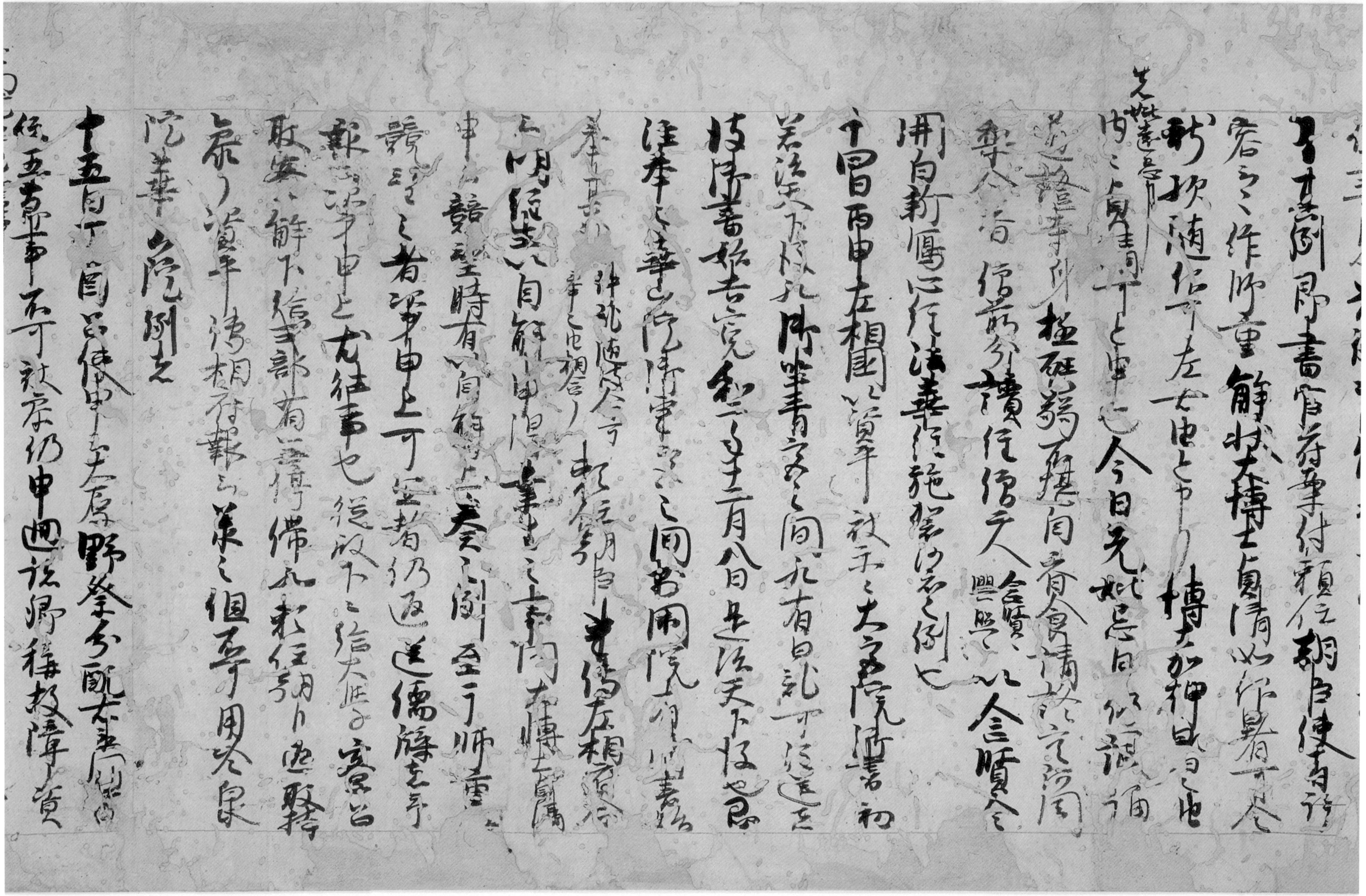

於南院御覧御馬事
依五節事不可被奉、仍申迴由、卿梅枝障子貢
平、被左相國命奉入、晩頭中將三枝来、同對面、天暦
大臣御見此事、又命、於南院可御覧御馬、先
奉入御馬并御馬騎者等、具可申事由、其時
奉見事具、左相府申事内、其後就左大
言上、御南院御覧平、不帯劔、持御鞭、右行御
劔着出、御在太唐子、其儀如上野駒牽、勅
召左右、障子追戦、召左右大臣以下、左右廊座
下卑 昇自西階、着青子數座、次左將監武吉被
位、次左右寄十列率、廻御前甚議、上位可騎
也 騎周迴如恒、宣可下也、引出次、右同左近還
率、次駒率、次御覧之、左右十列、有甚例御覧
十列、華貝人
十六日、戊戌、明日可奉馬也、有青文、今旨
十七日、己亥、依大雪、衛佳、去
太子朝覲事依
出馬使、御前馳移馬之、今日初自
朝覲、年七、仍奉入枝文、右馬頭對御在所 諸卿從所
時刻、右大臣御前、若鞍御釼 午未時出、於午終
刻、出、御在御紫宸殿、左右三相國及
朝覲卿相追習人、達頭、左相府、御書遷興出
御座周、雜仍三十箇日内奉仕、豈地銅

此為雨儀、仍三十箇日内奉仕之、豊楽院地埋銅
精也、左府進手氣文、仍令進文給右近中将雅通
宣旨 奉仕御装束、給禄、御装束 可奉御装於
御所之由、頼宗・教通 上東門 坐宮後、召之甚佳、未時
宮御車 毛車 西対南面左右御前御車後御車
給御帯
御前着羽林、右宰相中将兼隆先奉仕反閇、給禄
御出西御門、経東御門大路、諸卿騎馬従
着腰文帯、随身褐衣、右大臣 内大臣乗車
使中将等為例、吉時帯刀等有車及在上也、御前人々不候云々、但左司近衛府
東宮大夫卿在其前、従上例吉服等乗車、如行幸、御車引入
以東面北御門入、外自門内至寝殿御所
道南廊給之、数而奉抱御、右大臣持御前後之
頼宗
瑁下着上達部持候可置之、右近中将奉仕
延政着御御剣之外、又更候御履御剣三筆
持従代執之、御方御書等有其儀
又中宮可候御履之由、依下所申也、他人不候
春宮亦御着袴也、皇太子先例休廬所
在所甚如例之間、諸卿参其島近習
外十五日之候、宜向南殿、或宮中御導子或佃同
開戸見之物、天皇御、御帳臺上之後、御子撤書所之、大子右同然

用所具人物　天皇御〔出帳臺上〻依／侍子撤書所也〕　太子出自御

廬〔把牙笏帯劔〻平緒〻　平緒等御衣袷〻示知之実、以人由傳可用者也／以人無追奉仕也〕　經孫庇

進御前〔忽推退良明地御障子前／其道天臣例、行坐可子迎昇庇〕　其東立皇謁

至本下拜舞〔左大臣進来良間地御障子前揖十作法、又左右／内方卒及御傍親〻相揖　出御簾子邊〕

作法無失、見人皆感歎、左相府侍從之子至此

廬未上入御、更改御衣袷、盡御座　御見人未以華堂

次撤御〻座以西、侍臣太子〻前從、後大臣御座下〔若同揖手已也〕

中宮大夫在所見　着座〔當御座前／数者一枚〕　以裁人取揖行　左右左大臣度

〔太子進御前〕　前〻〻先長取同花南方下居〻〔經庇下〕　如是人見人拘太子〔若給〻〻〕

次自御給〻〔左近少将信隅御膳〻御障子〕　〔庭度御前之文讀之子為經也〕　子戸下　次給衛重於

御衛重左為經〻太子〻所〻〔執〻皆其禄東〕　章侍乳執御　盃進太子〔可以〕

藏人執子入酒取〻太子取飲〻〔大臣〕　衛卒以取

〔天臣例〕〔酒〕　次朝經勸盃右大臣〻〻執盃擬執子者　〔次御〕

侍執禄給太子〔御衣一襲、天臣例着白橡〕　〔今日赤白橡着御衣也〕　大夫進座奉

多給御衣相扶太子退御前　大臣代只經拜舞

〔御〕于太子　頭〔進〕〔御前〕　〔諸卿着〕〔中〕〔宮〕〔座〕

未及酉事〻〻無公家給禄有差　〔於中宮御方同給公禄〕〔諸卿東〕〔右臣〕　次

中宮給禄有差　至相大臣〔加物〕

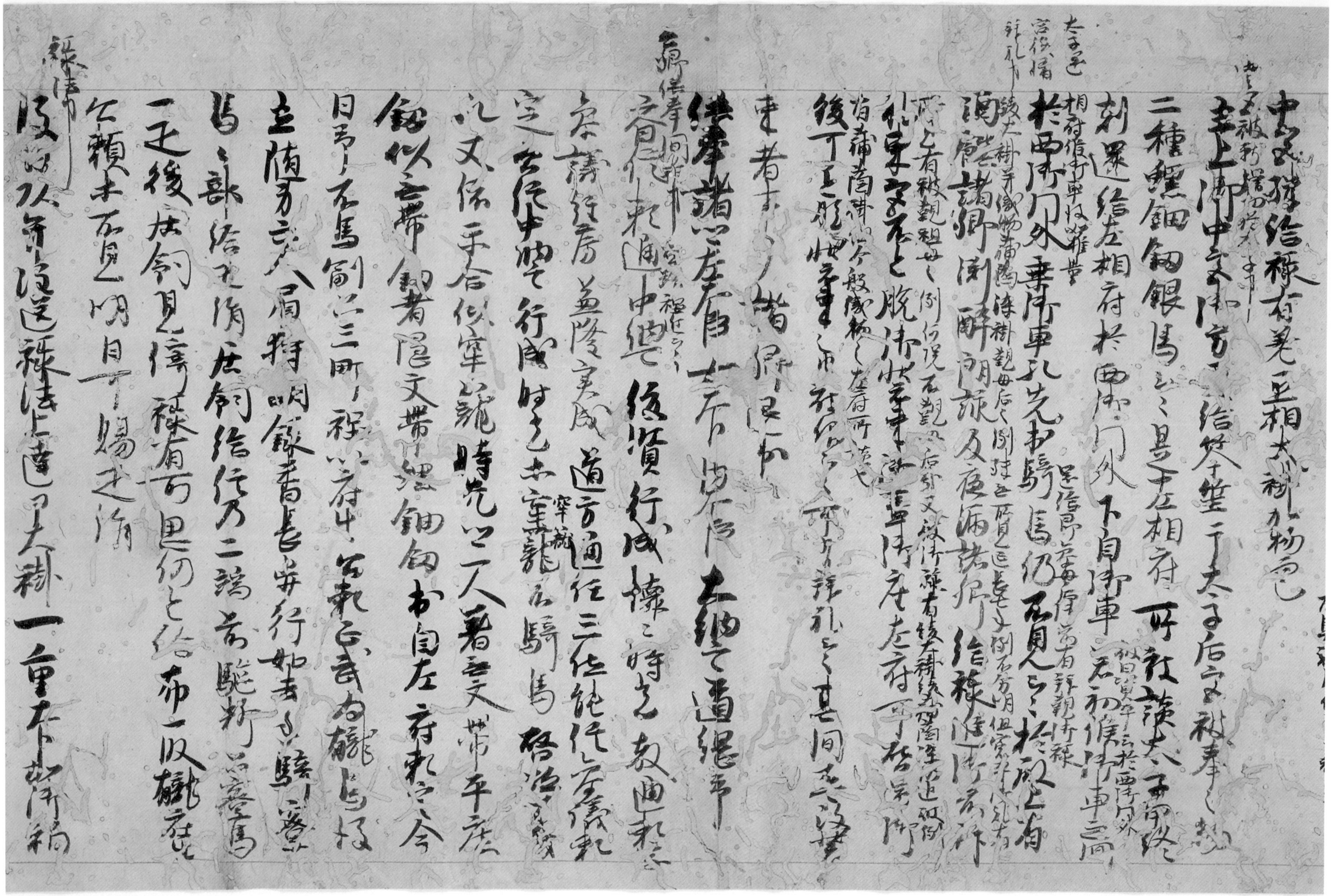

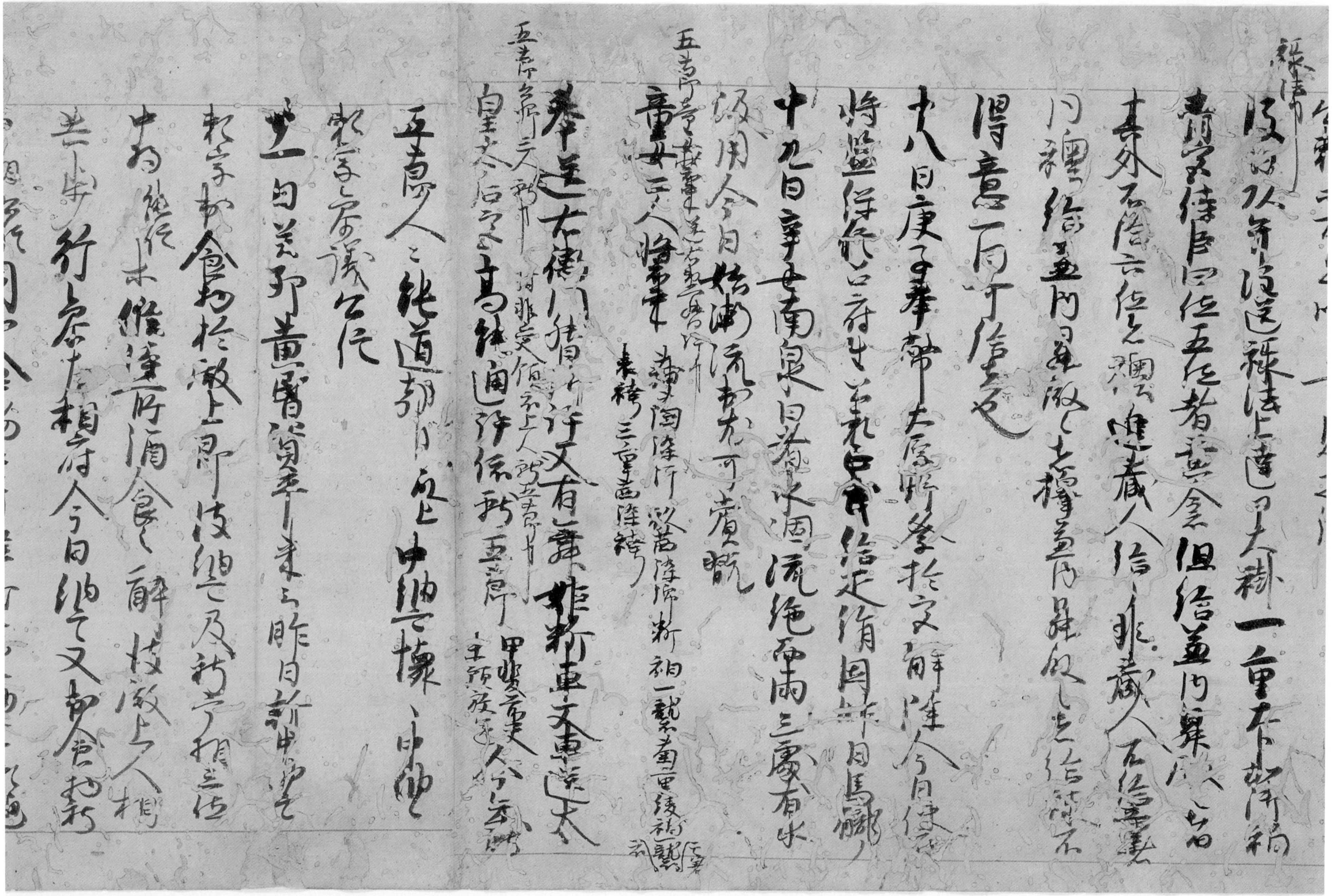

(20)

[illegible]卿着左相府令日仰て又[illegible]
[illegible]同食物左府[illegible]
中納言[illegible]侍[illegible]
御装束童女料[illegible]着三文織物[illegible]
着三文織物唐衣並着下袴[illegible]
童女下仕着[illegible]文[illegible]
[illegible]
[illegible]
是他[illegible]門日於五節所[illegible]
[illegible]有物令[illegible]
今夜於殿上饗飲右中将雅通左少将
朝任右兵衛佐[illegible]不[illegible]
専飲仍[illegible]事[illegible]
廿二日甲辰朝餉送新中納言五節所
[illegible]
五節所今日[illegible]會[illegible]不出御[illegible]
[illegible]日仍不参入[illegible]着随身觸穢[illegible]
外記見村上[illegible]和三年十一月廿日御[illegible]
[illegible]

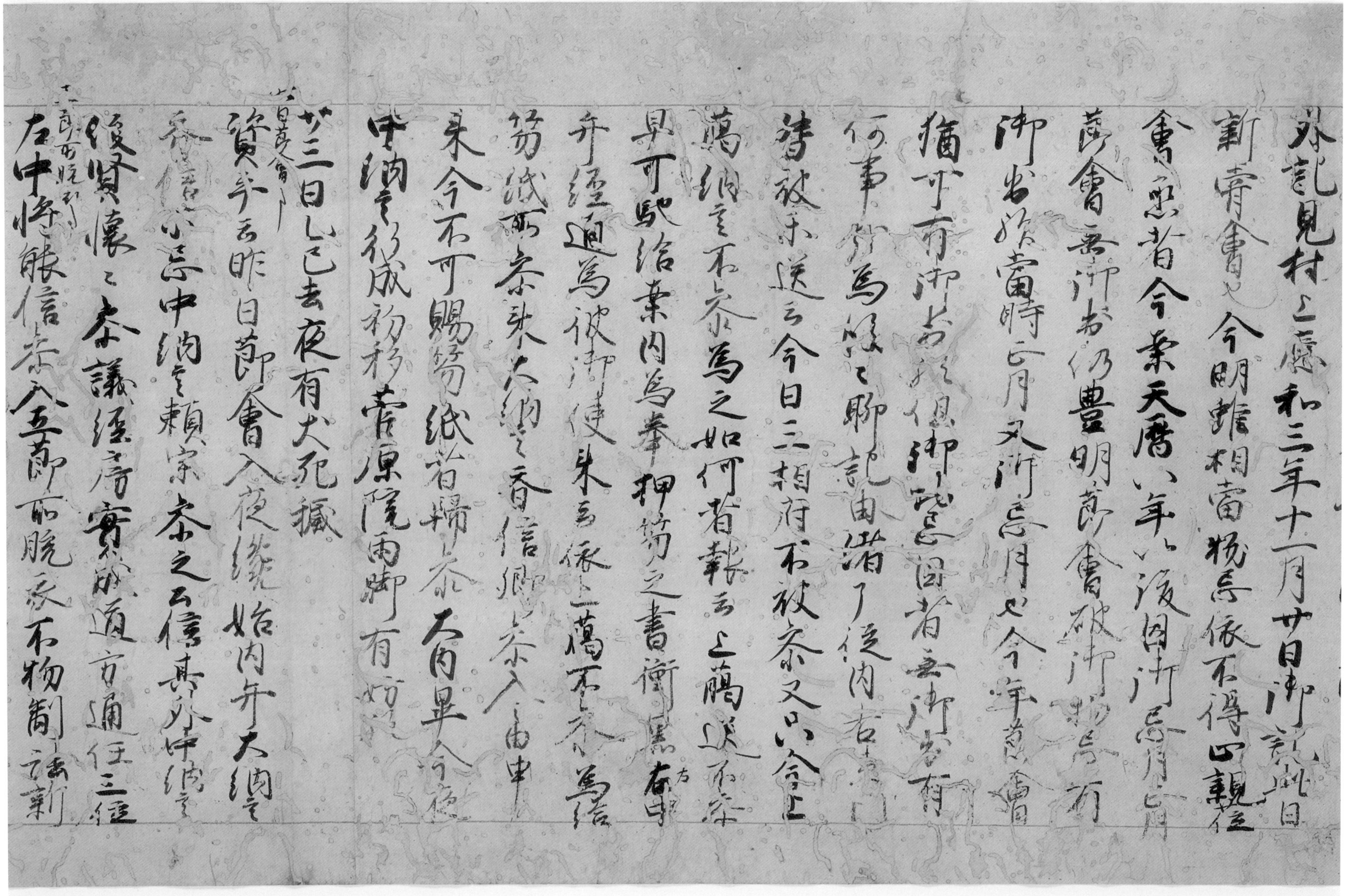

(22)

左中将能信参入、五節所晩景不物聞、被新
中納言新宰相両所有之、上達部酒肴之備
天台座主覚慶昨日入滅〈春秋八十七〉、下鎰所〈天台座主覚慶入滅〉
当山政所了云々
廿五日、丁未、今日臨時祭試楽、依穢不参、障〈臨時祭御覧御馬、賜禄御馬云々〉
由令觸頭弁資平、参入、昨日御覧馬、随身
被武・鎮・騎馬・奏、賜勅禄於左府信御馬奉
三被感〈臨時祭有議〉
廿七日、己酉、臨時祭、午刻許参内、左大臣依所
上卿刻御禊使、左中弁経通、捧御幣之作
法失例〈須先捧上御麻、御幣一度、次下此麻、尾状加取之、而只取麻、尾繋尤失禮例了〉右大臣
信之、右内記令進宣命、付蔵人奏聞、返給了
召使於小板敷、給御禊了、於瀧口外吹
笛〈両笛〉、吹令奉御馬、御遊、朝吹調子、付事蔵人
敦親不知前例、行御禊後、給宣
次御禊了、此間左大臣已下信軒、蔵人頭朝経
宣召、奉勅召使、下次第着座、一献頭弁
朝経二献、左大臣三献、大納言道綱、次居下物
次四献、次々大納言頼通、次宣旨、具後左大臣

次四献弁次大納言頼通次宣耳且渡左大臣
卿不取陰陽倍従拍子
已下執拍頭倍使舞人等参議通任執倍従
拍頭次三位中将能信欲枕拍頭左大臣云々達
部不候倍従拍頭如何弁了答云更不具事
仍不令取之通任不知前跡也入御之後撤
舞人召仰一事
座拍陰数因之召御前諸卿弁長指次者
御之座次以蔵人頭朝経召諸卿次第参上
倍御前参議者候長指朝経蒙仰仰二
倍親経任
舞度御前御下之左大臣朝経仰行事
蔵人不可然可仰右之舞人皆其同云不
見前例如左府令一二并従三位二三歳信義
子了問衛府及黄昏着上達部見物已及東
獨左大臣中宮大夫道綱弁源中納言俊賢
右中納言時光修理大夫通任不見物蔵人
式部丞雅康仰可候御神楽之由捧有所
労之由退出実有方忌之故也其由内云相
兼了今日参入諸卿右大臣内大臣
通中納言俊賢行成時光教通頼宗参了
経房道方頼定三位左中将能信参了不経

従二位道方、源三位、右中将能信、宮亮了云々、右大臣得児百日云々
廿六日庚戌、資平云、昨夜左宰相中将・三位中
将兩三上人向右大臣許、得児百箇日、有送
饌并銀物百枚、過差殊甚、後歸参、御
休息七夜事了、
東宮御書始
東宮屬来云、今日御書始之剋、上可参入
者、仍從營参入、午剋許着御門從西對、御在所寝
南面母屋御簾、南母屋南東第一間供御
座、繧繝端疊七枚、首東、御前敷帛雲繝一枚、其上立黒
漆案、敷紙一枚、置御注孝経并點圖等、代紙
博士座、官同座高御座同之、唐莚女官東
方敷之、向複座、同間南端敷之、宮司座上之
達、從同間西行、同間東上北面、更折南上東面敷之
上官座南面端、己次採端　殿上人座在南若中將稱通奉
仕、御帳并御紫東其所唐匣二具、挟々
剋、御前氣來了云、青色衣、右御々座、東剋頃左大
大臣着御前座、持御注孝経取副物、右大臣不随身書
従營起座、余承、儀仮得其書若非御注孝

然学起座令只依得其書若非御注孝
経之書於諸卿次第着座参議通任之外
依無座御不借御前但中納言時光不求得書
参不借御前也彼相取相府文及書等持之
非御注孝経耳殿上人三人各召同持書次
学生依為未解由不得読召殿上人
御博士之人召擧周朝臣五位学士称宅已私亦大輔廣
業可為御博士而本所不任放還依為守仍左
府以権大納言書令送新司為得許以奉
解由甚後被遣使者被召不与状不足従
仍以擧周為御博士昨令相府之東宮御書
始為身之極大事縮宮之臣細事之煩
於身而擧周雖為学士兼為召以廣業
可為御博士無状悵者不可下解由又以来
与不令人弁為御博士事依大蔵為不遣也
而一切不可取依無会釈深欲相恨所被吐
之詞不可敢記書為之権朝臣一切量心之事
又今我子孫之所弃三被披陳多有驚奇之詞
大尚複宮蕃助源為善惟憲入自西中門度
御前堂自庇東面階経南簀子着

御前座自居所東面渡御箸子谷着
座 博士西面向襖然西 皆取副書於笏 畢擧周爲善置笏開書諸
卿已下同置笏開書次 向襖揚聲云文次
博士讀云御注孝經序頭開御書御覽
向襖云 古之天次向襖讀云御注孝經序
次擧周爲善等退下經祇道次諸卿次
弟退下着殿下殿旨次入御左大臣云可有
管絃於九条殿御記云可有管絃而有事
博士其事由被記也 如何云々 諸卿不候左
右金吾着座諸卿着此間一品宮給人々給人之
度之御書始有管絃年如何思相云云等
見前例無管絃令被行如何相府許諾
酒事衛門督大醉朗詠執燭之後給祿奉
之下參議已上大褂 左大臣如御衣如御袴乃 諸卿入自西中
門拜礼 但博士向襖未給祿不見酒肉人給
祿卿相收而無其事 不知前例說彼日資平
之纏頭列之者依暗夜不見說
先例之違部大褂一重而給一領其前例見宗
諸卿左大臣右大臣大納言道綱實資信遁中納

諸卿左大臣右大臣大納言道綱斉信教通中納言
俊賢行成懐平時光教通頼宗参議経房実
成道方通任三位左中将能信参議頼定公信
卅日壬子府生公頼持来御馬御覧御馬見宮
御方南殿御覧給大納言教通頼通陳度御前
随御前左近将監武吉取馭位者
除夜資平来云於南殿御覧御馬女頼中宮

来月京職人与右府定乱経文闘乱
十二月
一日癸丑式部卿宮雖令与右中弁定頼朝臣
従者闘乱甚事及奏聞使官人被日記云々云
事頗猶云天気不快云々定頼取馬為宥理也

以仰
内裏放舎人立柱上棟
二日甲寅今日時内裏放舎門廊立柱上棟
右府一年賜府生奏之
番長播磨為雅右府一年二年仍申府生
儀騎上卅余一年云而望仍可依府生奏由以
将曹正方云左中将雅通又遣抄部不仕勘文
并見任者年労上一日粮使千勘文但不信
中番長日下部有延六人部吉通奉之象
為番府掌六人部信通牧立不仕仍一可補
其替又可補者未事也中将報云府生奏

其替又可補者未申也、中将報云、府生奏
事尤可然事也、可令候申奏状不仕者可補
其替之由謹奉了、是至一々所可補番長者
其兄之々事所之而事頗有所陳給者可
所行之生未上府章奏等同府間可申事由
者、今日吉日、且可令書奏状之由、仰了、又令編
示々、宰相中将兼隆示送云、右中将朝任報
云、為雅家得其理者也、早可賜給者、他将未来
能相逢者、府生奏事、臨時祭日有次、違左府
了、已有一許
府生奏依廃務日不加署云々
三日、乙卯、将曹正方持来府生奏、謹以奏替
仰可注死闕替之由、返給了、又難注昨今日
持来加署、已是廃務日、仍明日可加署、物節
事、示遣中将雅通、所正方云、昨日府生奏事
以清忠示宰相中将、早給奏状、可加署者
参内、御物忌、示送式部卿宮、雖令為実
官人被逃補下手人、未被宅人、中将為源光
頼朝所被打凋已被疵、仍被奏事由、仰使
成遣、以相為通同載逃捕、宣旨右府以外弁令
奏云、巨細事先觸随身、仰下而蔵人承信

奏云、巨細事先觸随身、仰下而藏人来信
不觸事由召仰使官人、追捕諸司官人并□
宣旨事既不經先、不觸仰由被召勘
信可勘事者依左府被奏聞、被召(?)追捕宣旨
自實頼春日行幸可改他府、由被仰左右
府夫奏、左右大臣氣不快云々
故山座主事以書状寄法性寺座主□
近事一昨日執事、昨今□大納言許
被示送也、被下追捕宣旨、其間々事令
下手人云々、大納言捕(?)云々
四日、丙辰、西方持来府生奏、又暑下給侍
特雅通、宣書物等同進
書長今吉明件以無
門下部為行同藏人式
大原
在京諸原助親、案主代王平信、頼府生
物部宗時下毛野公武
府生已下不着陣座之下、令時令書大将宣同事
不着陣座之下、時令書下大将宣、大間云々中
中将朝長尋見前例、一二人特畫大将宣
々数、特書宣文、大将已下署、者仍取
遣、宣文於府被見、以□云々中文見覧
加七年十月廿九日、曆記仍加着下職員年
左上御時於弁御前不見事

加七年十月廿九日暦託、仍加署下賜了、貢手
主上御悩弁御自不見事
来傳勅云、遂日御病猶重、遂長云便日
又不見、先々帝王有如此之患乎、欲問先奉
料有所惮、同中宮大夫、故原朝光道隆愛言
何事仍密々所問也、令奏先々帝王執権
等種長病寿等之例、山事背云賞食言
須左府仰雑事、皆也有所惮、仍面不此
事宮雑人并宮文従者等
料又云人今朝従内之左府、今云式部以宮雑人
与宮文従者闘乱、初同宮人不善由、信能同
子細宮文朝光一所萬為誠、不善兆等常一
謂不足言、初所問之趣、昨令奏問、令問
實云式了以宮所令奏、随又所令給也、一
犹大奏甚、返以云一口云示、内者但改遣捕宮
令給、若宣旨早左府数度令宮文不能具
洞々事、若宮人一人、不去云々、實説不死可死
一生云々、主上被作云々、宮文已致宮人不可為
春日行幸之由、進召仕捉之、便云々、蔵人弁追
擊有頁未宣旨　宿十三ケ之手作布給之
五日、丁巳、給随身之衣服、手作布、為信七八人所給也
伊中弁之記被式宮被
左中弁宣文従者、春日行幸由、而依闘乱事被
改右中弁、頭葉早了、為宮文執失、而因了事

改右少弁資業早可定丸失面目之事
也、後代々有所傳言也、明日太皇太后宮御
読経初、有大史清重又属東宮、余不可候、御
上前先参付蔵人資業朝臣中御書状問候
一条議道方云傍等同候次上之頭中将
（同東大死穢）
今日以裏有大死穢、明日可参一条宮御
（定丸所従男被追捕）
読経之由示遣大史御許、依内々相示定丸
従者等為検非違使被追捕、依宣旨宣旨之
部下官人終以死去云々
（從）
六日、戊午、資業朝臣入夜来云、今朝於大史家
御て三位中将源宰相同車被過門外被召
余車於五条東辺騎馬見古物云所被入御て
所領也、其東辺有能通朝臣領處、大御言有
要訪来者、卅挿捐云々、急資業云去夜参
同被奉見同人今日作云々、嗣宣旨不可何由
（貴院申泉事）
七日、己未、雅通申泉家、以泉頭之可数律師申
同見泉流三歳被所令御
中将有何疑乎者
八日、庚申、資平云人々今日於左中府相定院頭
密談方事、随身領處春日文寺、侍人御て
御許升献者、有勘今日大事属寛

御許十献者有勘當云々今日此事尤
之様著密語云々太奇事也云々　又云相府興
而后十被行我賀事　而主上同給御世寿云々年
紫女為御賀今於宮中之宮被行我賀可
有饗饌人々御産別宮之同御在所便宜可
便宜仍十申之卿相多被参謁問所被談也
後一々十宮之司云々極有所悩病御詞云々如
太甚咄之量悪言云々乃至上聴者更以一有事
者又云式部卿宮十被行定之礼朝臣云々左府
官降日事　左大臣精業之作々被問遣其申達
九日辛酉早自入夜云々上左相府出桂山庄
十日被御出之日勘定之由午後之餅手大破京
者　五石自家送之
候被上同車参太皇太后宮御讀經結願本文
云信　行成　左衛門督　右大弁道方
入夜歸早上卿大夫被議勘事人々奏賀早
帰来云相府於桂山庄有令大納言道綱
代中納言頼賢教通　雅定　議經房
云經中納言能信追従者
泉涜入泉涜初落水於所勤尤有感云々

帯泉瀧荅[illegible]

二位中納言行通　從者

廿日丑、上泉瀧祈落、依祈禳有勅、有感云々

天變事

十三日乙巳、去十一日熒惑星犯三云々、代不見月

之變、件勘文返賜并許可遂[illegible]遇奏、被奏

十四日雨、宣

十五日丁卯、大外記敦頼朝臣返賜、遂云、去春日

行事、永年三月廿七日丁未時、依春日御讀經之今月

廿五日

十六日、代返下從大外記、頼正[illegible]行[illegible]草

也、今日[illegible]聞[illegible]、故宣[illegible]經書[illegible]

經書[illegible]、仍早[illegible]給御給所[illegible]寺司[illegible]

長宅[illegible]頭[illegible]別當[illegible]者　請別當

觀音[illegible]

當文廉

十七日乙巳、昨日[illegible]宣旨[illegible]使、十二月廿六日

上階　太[illegible]　稲原　[illegible]　從[illegible]

　　齋代　[illegible]　[illegible]田是　中[illegible]　[illegible]

宇治道方　中宇治　[illegible]宇治　班[illegible]所

廿七日復日也、有前例[illegible]一下[illegible]由[illegible]大[illegible]

敦頼朝臣、去十五日[illegible]文[illegible]

[illegible]同府宣[illegible]復日[illegible]位[illegible]

二十日記[illegible]復日[illegible]

十五日巳家[illegible]被[illegible]宣[illegible]十六日巳[illegible]日[illegible]

十五日己亥依勢被改定同十六日己卯件日依
已卯三〻故徴應和元年十二月十三日所記云
被定其可令使之日勘申十九日廿日而被改
而日有復日〻今改定之日擇申廿七日也者件
木卿祈堅遣頭弁許被問遣之返状云殊多作
事見給侍廿七日已復日也明朝欲申案内
左相府侍者忌上所記應和之年十二月十三日
左大臣令蔵人雅材奉宣其可為使文中務省
守擇申可為日文十九日廿日令申定於廿七日
何遣復日被定而此両月共有復日改勘申
暫大臣令奏陰陽寮改擇申若為日是廿七日
仍云廿七日中宮東宮還内裏又忌于内取
始算何不知卿侍従才供奉於廿一日依有忌不擇
申之且復日同令申云先日不擇申改日尋申其趣已
日三祠祀類及三宗廣大公卿亦云〻申其日捐瀬事
也今令作之於返七七年例陰陽頭満房勘申
云〻三月十五日當往亡〻〻三祠祀一向不可憚事也宗
備避復日被用後十五日今依其例用昔有何
事但亡日並他忌守并令同申云〻昨日又無他
忌須以日行〻件御読経任昔之遣頭弁許学
又劉許當日又寅方焼亡由無光申致云〻悲見之
遣備所得仍去年之皇后宮御領元華山陵者
此八条敷東陳七中一町觀王院大夫又大

於六条殿東陣也中務卿親王従催大夫任又大宮
亮泰通依彼家百日御祓也以衣与枇杷殿其近
仍資平同車馳参刻限三重上達人々左兵衛督
無定攝津惟佃小時新宰相相公参入自御前参
於南殿侍下参入或侍従宰相皇后宮大夫
判官者枇杷殿　仍先入参資平車早速相[illegible]
[illegible]人々皆参
参入者雖非彼御在所事焼亡處御領也又中
務省宮生處也仍可参歟新宰相共参入云々
参左右近早参云々又右大臣被参亭相待大
夫者依入所参入内談[illegible]一二刻[illegible]
志孝誦大僧正及院理大夫大僧正御院善壇
所合不焼[illegible]而合二廊等有生焼亡中務省
於捏大夫任此舎件火者人々所傳云々上下[illegible]
院善人不焼大僧正力也況可感者頭弁談須
手主代府了人不被感有被立功義之詞者
依天台座主事也究意私之事也主上[illegible]
人被拾参皇居宮之上[illegible]参
十九日辛未今日[illegible]徳寺御八講始左相府被
参[illegible]使[illegible]
[illegible]
[illegible]

讀經日入事始以相著僧座次著御前座次僧
綱參上着香行香了兩三日參入僧相共退出
新造中宮御修讀經一數日也、結願、經房宣旨
道命奉宣公卿之相府衛里從慈德寺被
參入、於宮中相逢、參入依大臣不參
荷前使立復日也
荷前使定、立復日之事、可有大事者例令
日者同作敷、上之百呂頭弁令問俗從以前
參日廿作左右者

同廿
廿日、壬申、上卿物忌、向大納言明日已上應陳可有
十一月大嘗會武文臣傳逆頭弁許、是依荷前
使不被立、復日之由已見之、以御記所書傳之
被立十事、昨日同從大納言所、若始也同所
奉被從之期、不遠之中、又者中宮内供奉葉内
大臣已昨日右令示五日壬寅主計寮同
天氣不和、頭弁密談、相同又昨日令吾之
昨年但馬守大宰
主上被仰云、昨年但馬守大宰帥等申有所
人之由、又隆中一の任皇后宮亮之人、但可爲
藤原實相公事之者、仍付由仰中宮被宮者
資平頻談、得要為官人之所得
近衛天曆御時出立者
廿一日、癸酉、雨降、戰錢時日、今日七箇日御卒爲主上

廿一日、癸丑、雨、顕義師自今日七箇日奉為主上
奉供北斗、中将宅是良后令修也、依左金吾
才章清息送、右香殿笠信濃守等
以輔正西右大臣被申事
今朝頭弁来、送云、依召使復日事、昨日被仰
府申云、復日例甚多、只前後之所被仰
宣、復日例不聞事也、而才識不怖
不堪之、内供奉傳大僧正消息云、依其令
作、令朝諸大相国謁談云々、良久
等有被感歎之詞、于時已他事早退出
忍但律師人々中庭主事、今日為男能之輩
又仏天鳥證至天気段明教修正自主
欲十九日奉仕内御修法、随一つ任者
而申事云々
廿二日、早朝参入、今晩退出、自日御経
十年脚前隆重守落家并梅宮使
而被遂行、壇供十枝、頭人々又陰権法上
是后寛元時従以被救助
定金吾云、消息左衛門督石布二百端従
並年良后安集、嫌已神着衣相園会
甚不快云々、随為云大臣璃璽左府博聞
被召取早相府為故大貳三息人所已復
被枝取財物不安、聴随文只是為貢嶽之由見己

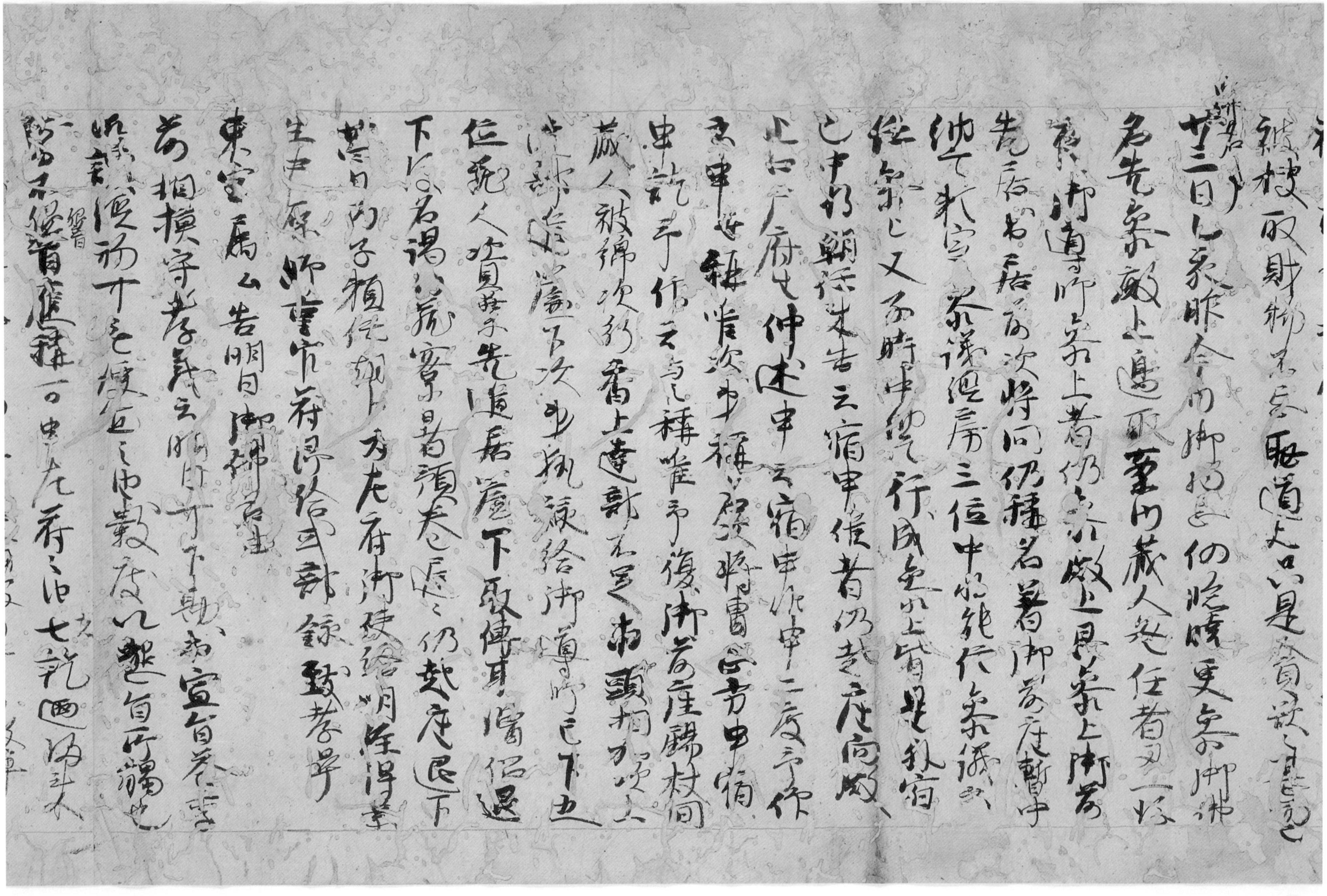

(37)

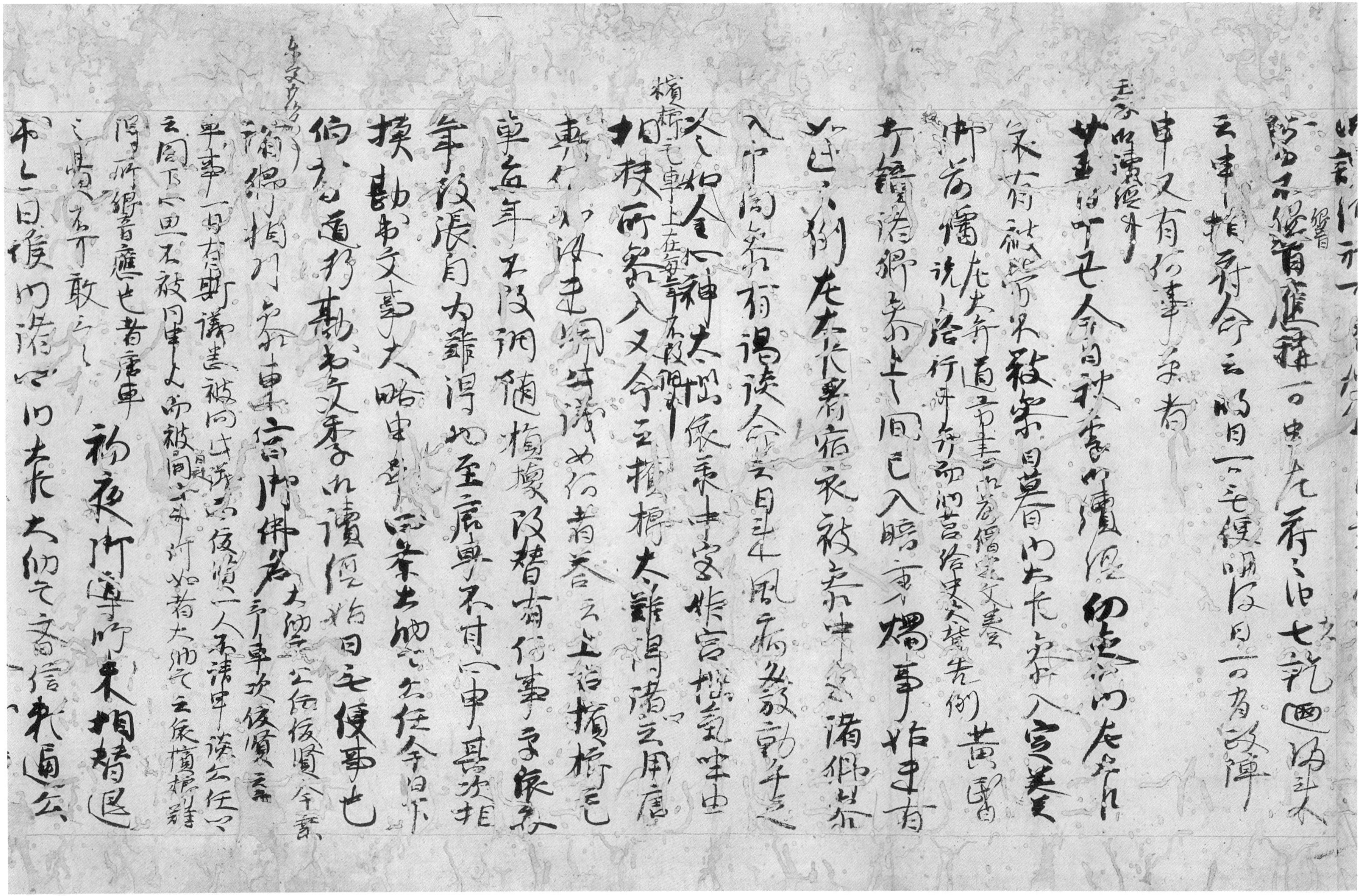

之其之有敢之

廿六日、從内諸卿以大納言公信卿、遣云、
注申的々、依賢行成教通兼家誠經房
實成・道方・三位中將・參議公信未也
内大臣皆參春宮、御供召右近將監故
保輔前致三位中將從者云々、或云從者殺
於近江國有欲住所、仍投三位中將前若狹守
道成差彼中將兼人等令下行、即相率遣射
論之間逢以人令戰、一所射殺云々、遣使官人等
延補云々、行成卿云々、所以由有中將等者
下滑相模勘申文并
昔日以宣爲下家、相模介蔭義朝臣中將
勘申文、冒雨参内、申二大弁参衛、來入内時刻
欲及冒刻而作、敢上頭弁之、天台座主事被
延作花芸以大僧正之云々、往々由也、冒刻着衙
之也、相失有内後賢、奉仰云　左大弁今日申文并問左大弁
道方々々云、已与文書催文史取已、不持來物
既出遣覧早、相待之、内々頭弁朝經和陣
天台座主補并大僧正共可付明救院源等
和云、以大僧正之甲付補天台座主着可右近
十外記、由作卯部覧將申文
持來法左大弁示氣色、仍判署、而座次大弁
着座、申文作法如恒　相模勘申文予題　文西二人等　其後孝親宮
云々、仍守隆雨三月煩病不仕、良高至晦日

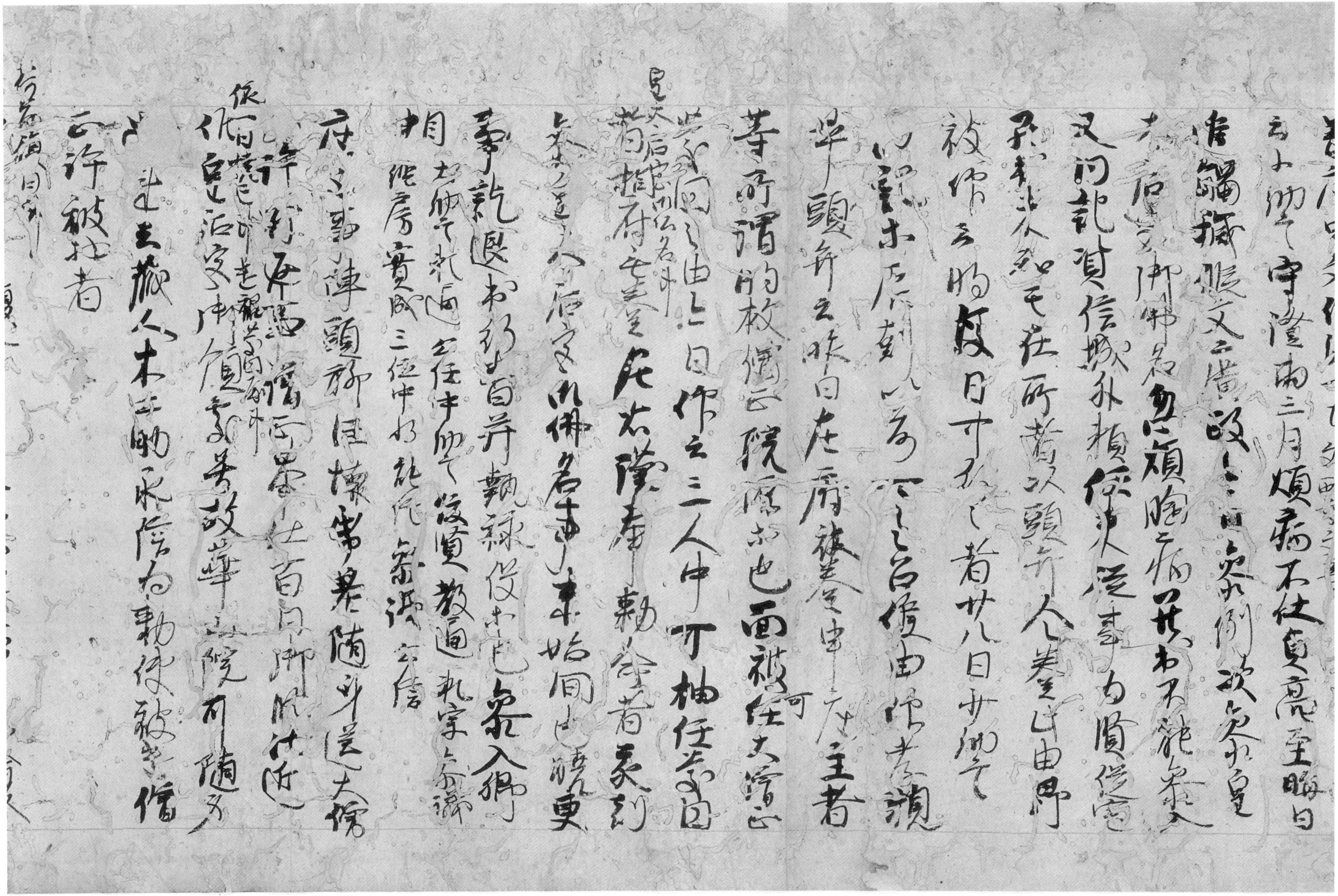

云許被仰者

右府猶目説
去日已行、復今日右家被定、於前復

之、仍問事、穀雖以難准、忠誠私記

可令覲奏之由、忠昌同之、仍又内記事半也

方随事所白、外記由、少納言廣政申所須

於年之由者、仰云、所煩何為、宇夜可相當

満了勤仕役、只自寛何歸職部申也両

詞可同也、又明日豊明随仰可作左右筆

召弁、奏紅陣日文、守隆奏已及数月、雖

然又問也可申事由

頗問勤若為使之即相當人、大納言亦通

中納言教通、兼宮宴議實成、頼通等云々

今夜定寛今升
廿八日、度限代謁僧、満木寺為行天台座主宣

命事、早旦参内、已罷、少納言内記参、内同参

記若親申之内記為奏、定礼少納言三人消

息故障、守隆申云、所労殊難叶、已参着明日
那之上有所煩、仙間於外加療治、死向山寺處

既作一非所
員不軽者
次頭弁朝經人奏、少納言故障、依之

守隆問合日来煩、由重可白、自由處

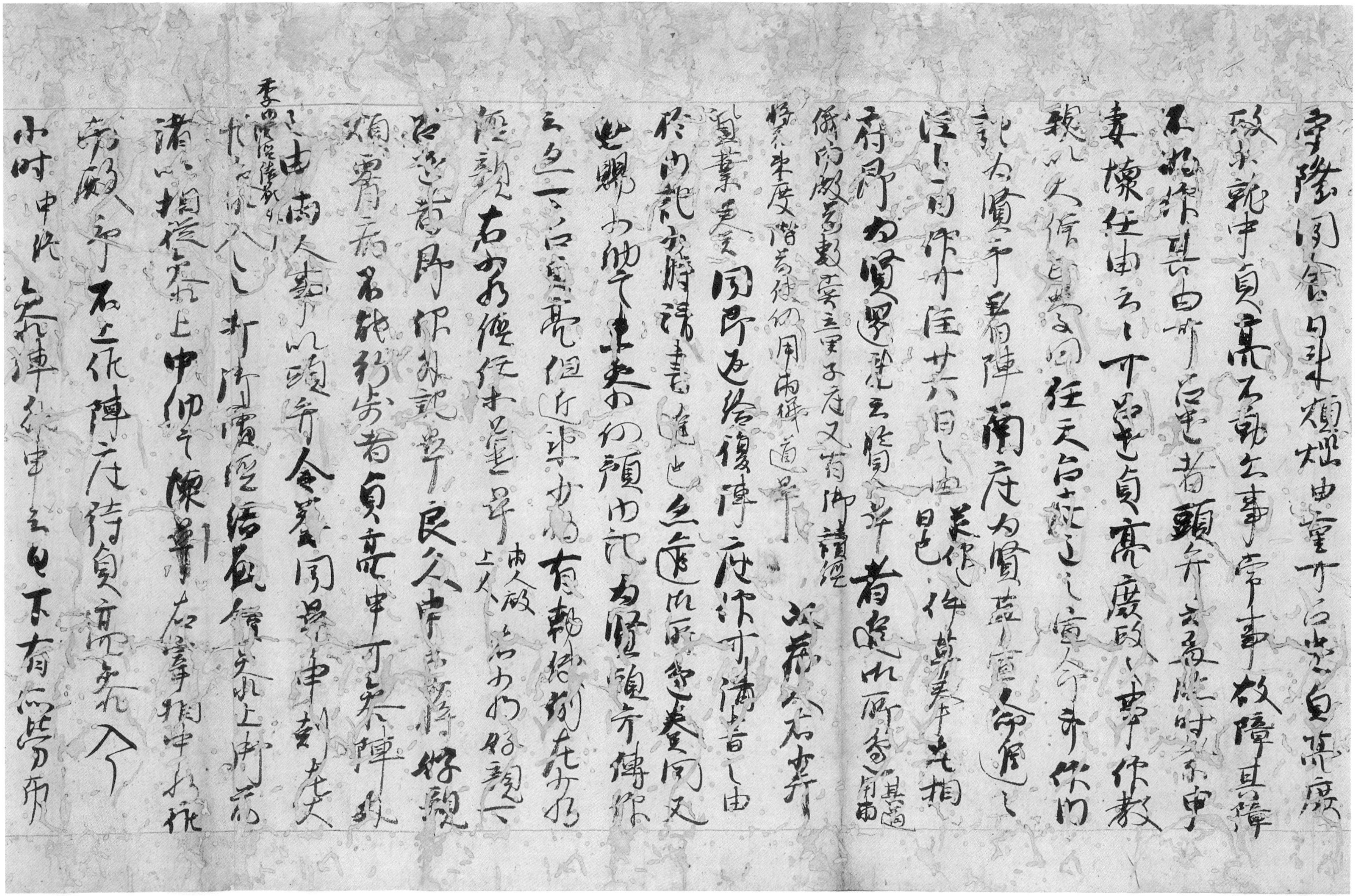

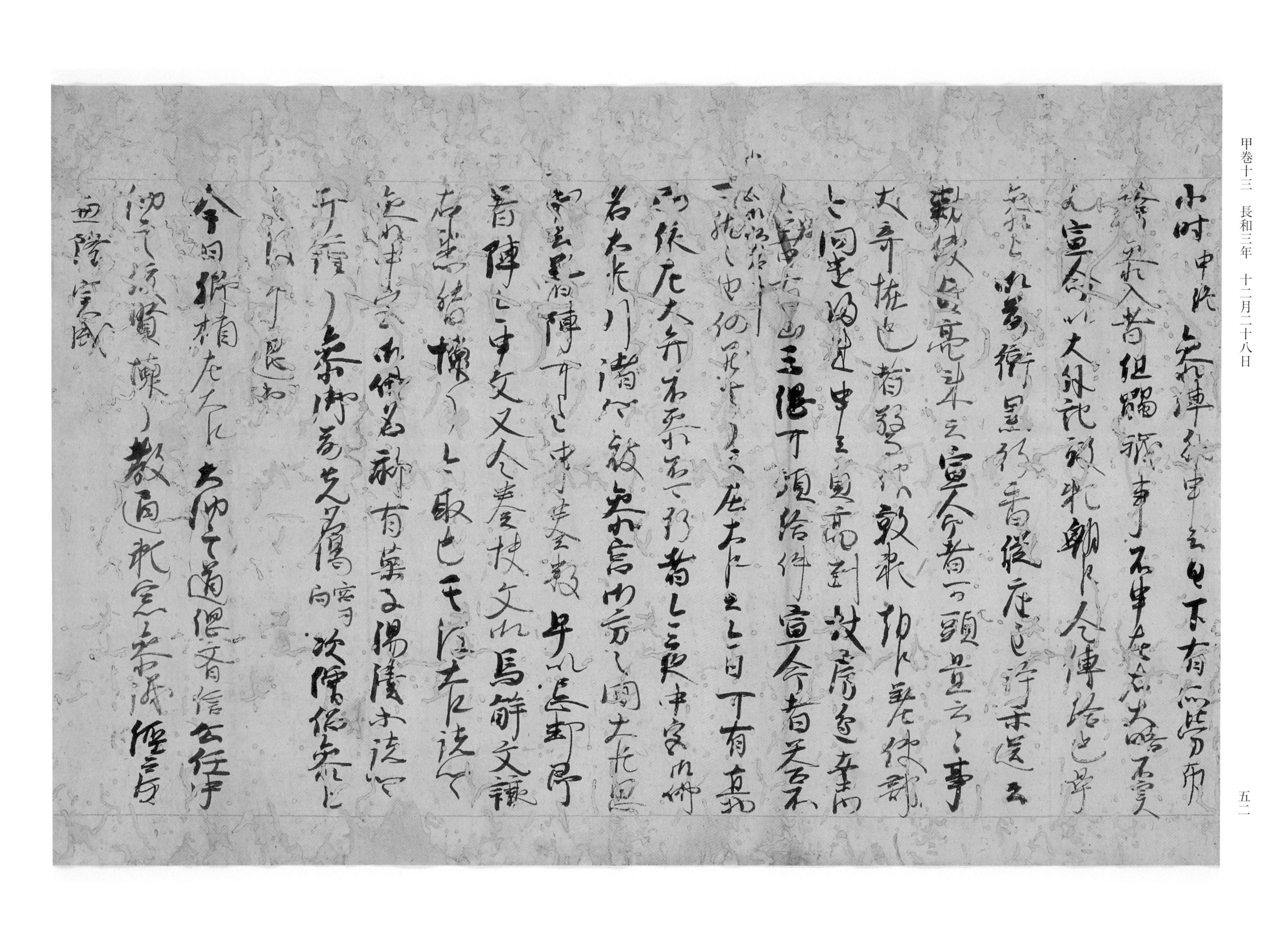

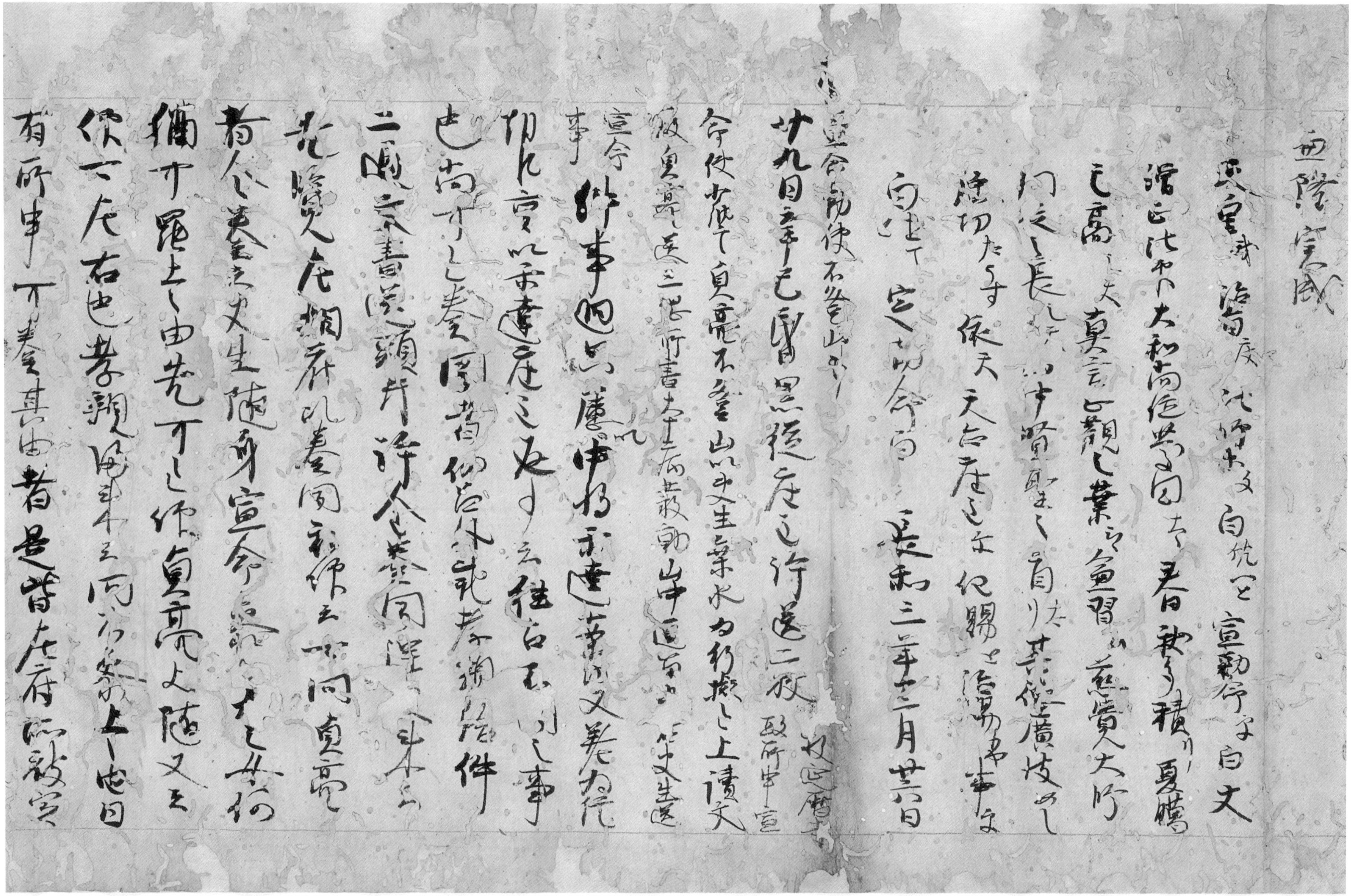

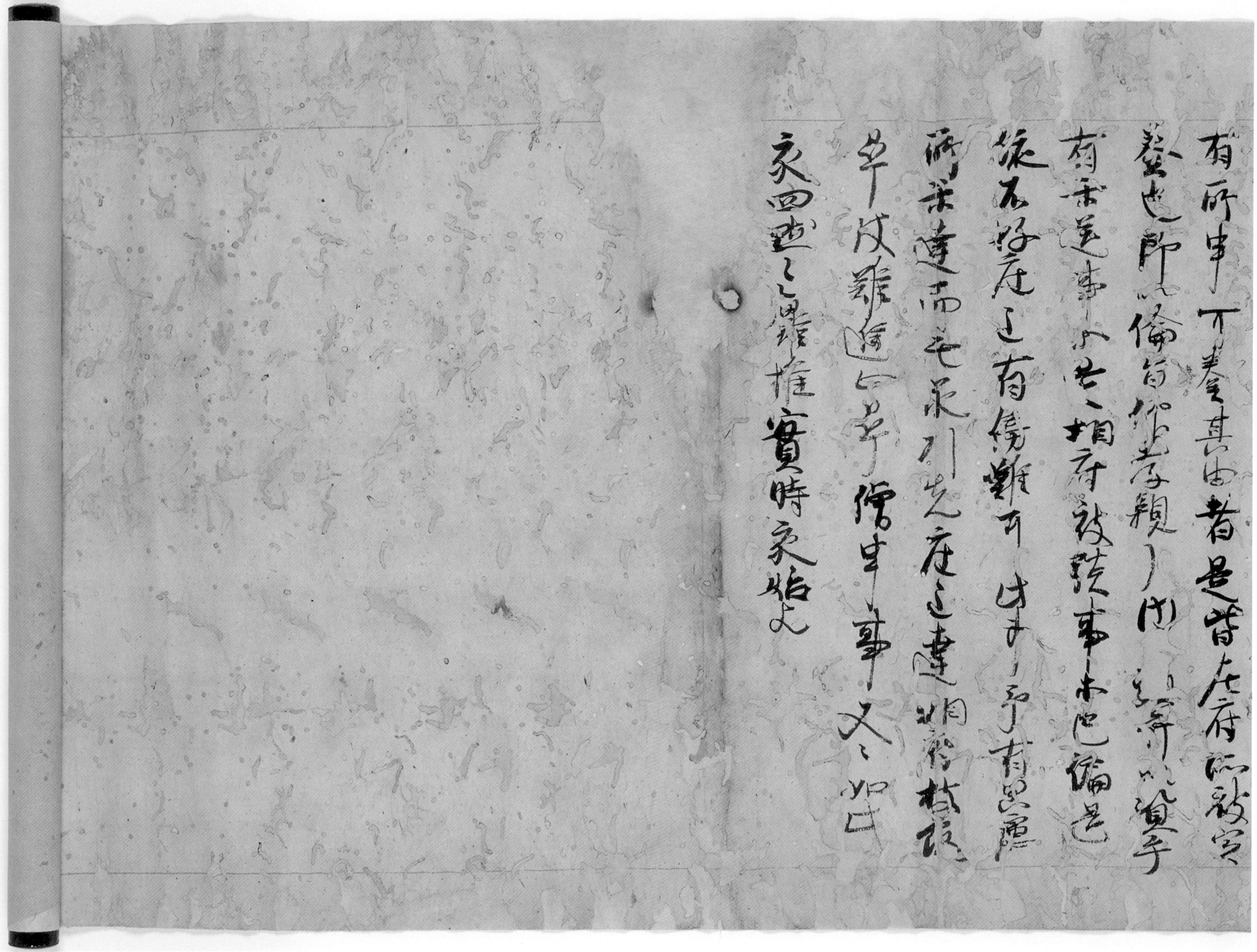

乙巻 三

長和三年 冬

長和三 冬
小右記
長和三年冬

小右記
長和三年冬

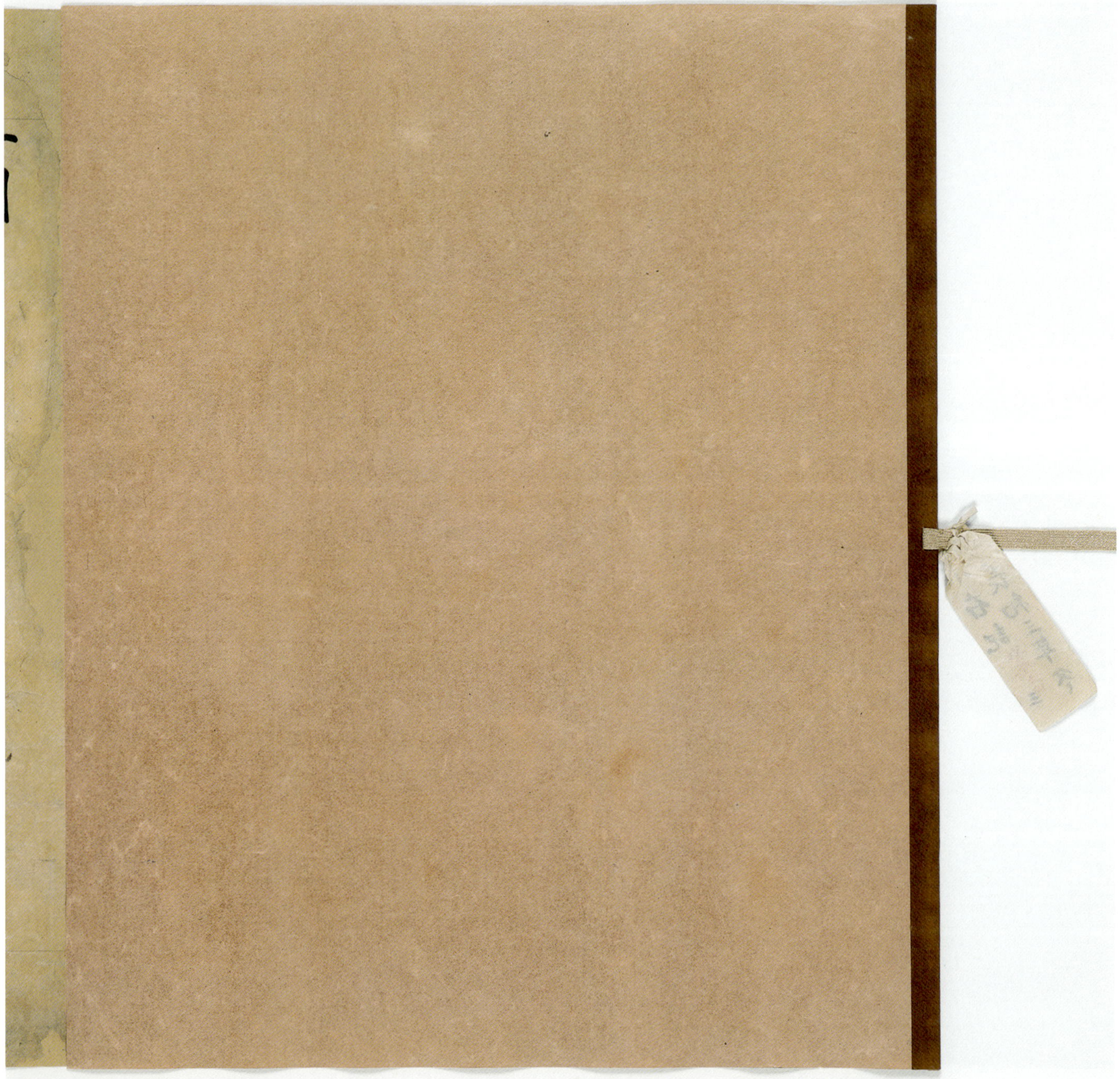

〔會請書日次事〕

十月

一日、甲寅、維摩會講師請書持来、依坎日不加署、仰明日可署之由

二日、乙卯、陰陽師道(?)善仍持来新暦、先日給新暦紙、々給疋絹畢(?)

〻師請〻(?)　奝(?)　朝静　三論宗　東大寺

三日、丙辰、資平云、〻(?)有(?)七夫(?)送使、洛(?)司(?)令奉事由、依御物忌即罷出、辨(?)資業去月晦入京、々者送使因香宜(?)雑事、轄(?)以遣笛(?)、々々五日可會合禪林寺之由示達源納言〔俊賢〕・源宰相〔頼定〕了

〔内禅林寺事〕

五日、戊午、卯剋許〔頼定〕、以〻(?)禪林寺、源中〔俊〕納言・左〔経房〕中弁経通・左中将資平・景斉・守隆・家輔等来會、其外已五人、雑役朝大夫等随身、予備食物、大檜破子・熟破子二荷、破子其外酒二瓶・松茸二折櫃・平茸一折櫃・大(?)柰女(?)〻〻共(?)、菓子一折櫃・〻(?)立一折櫃・塩

大将被奏舞

平胥一折枝奈女次々々共舞一折枝横笛立一折枝塩

海等云々左衛門督　僧都舞三有驚耳詢々

敦頼朝臣所行

邑聊被用意食物強飯終日飲食臨

昏宴　官即巻翻次々人

達乗興杖酔讀和哥乗月各々分散

〔俊〕源中納言談云天台座主有恙々讓与両〔天台座主有恙覚慶大僧正慶円譲与権僧都明救前僧都院源間事〕

人云々　権僧都明救　前僧都院源　是左相府命者天台座

主職讓与之由往古不聞事也就中大僧正

〔慶〕葉因堪能人也論議誠傍無人可

云々一亥之台信〔懐平〕皆被遊清談之間及夜更

長奉送使道任路間〔遍間事〕不假御輿遍夜忽

不假頓宜遍身為御傍親似無用意天

氣不許即以金吾為御使被聞給宜

左〔道〕相府被巻大不苦言之由此間多事

云々

七日庚申資平云昨日左金吾〔敬通〕児五十日

春々一宰相中将通利有事了

云々、宰相中将道雅有事々
物云々、雲上人多會又云左相國被見
參卿相雲上人云々、十一日未剋許提一種
物可參會皇太后宮
去夜式部卿宮北方産男子 左大臣女
左大臣孫百疋被奉式部卿宮云々
禅林寺僧都被返謝一日事於風邊良久
九日壬戌參内諸卿不參即退出參皇太
后宮、々々二位中将嗟蘆下女房傳命自
左衛門督数通三位中将経信良久談話
日落退出
馬場所進埒橋二十束
十一日甲子今日造宮始左大臣二条家造
立数屋先日光榮云五星月可忌犯土
若
卿相雲上侍臣參皇太后宮々々有飲

五月星可忌犯土事
皇太后宮一種物事

皇太后宮一種物事

卿相雲上侍臣参皇太后宮、々々有飲
宴、皆了提一種称味云々、一昨参彼宮
披露承物忘不可参入々々前日今々識人
外従難参入、不可随身一種物、此事左相
府雜意云々、遂雖人如此之處不可
退従者也

件宮被参皇太后宮事

十二日、乙丑、資平云、昨日参皇太后
宮、故院舊臣騎馬、似卿并左大臣・大納言
道綱・斉信・頼通・公任、重服不及作文管絃退出云々、惣今日不可被参
欲入
中納言俊賢・行成・教通・頼宗、参議経房
兼隆・道方・三位中将信・参議頼定・公信
参入、件宮有饗饌、件宮不出居、饗座等
出、卿相已下被御送云々、今夜有管絃作
文興云々、資平并不見事畢、人々一種物
不被尋、仍持帰者

式部卿宮家産七夜事

十三日、丙寅、資平云、昨日式部卿宮妻産七
夜、自内東宮左少将経親蔵人被差遣御釼并

（式部卿宮産七夜事）

夜自内裏以左少将経親〈蔵人〉被出御釼并
御馬〈左〉絹五十疋綿二百屯調布百端有
饗饌右大臣出居客亭大納言道綱中納言
懐平教通時光参議経房兼隆実成道方
通任等参入殿上人多参入卿相殿上人
纏頭

元命来云罷下鎮西之間遊覧故国之海
上海賊出来擬致害逢以合戦中矢者十
四人適利備後国存命尋実非海賊

（八幡宮司院救定海等擬致害元命事）

八幡宮司院救定海等遣意欲致害
愁文日記等相副一紙進左大臣殿文書
事定任理之定申之由為相輔所来也證
人之獨可進公家者
先是右衛門尉重親〈撿非違使〉将来八幡宮司
院救定海等申文一通返給之
十四日丁卯早旦大外記敦頼朝臣書送云昨夜
剋許陳因之作了者自今日議始参内陣左

除目議始

剋許除目文作了若今日議始參内陣座
有饗諸卿來着参上殿上左大臣已下假
雲上此中剋諸卿着陣硯筥等在陣
座依無議所雜少納言不勤盃酒之間藏人之諸
卿左大臣以外記令取筥書次左大臣已下
起座度南殿階前進御前三大納言道綱予
召信執筥書列立之間大納言頼通中納言
教通同列立又無相具殊參進似無礼節
左大臣卿下官云可定申去春未定之受
領功過并今日被下之功課等者之左中弁
経頼仰文書事即進所司勘文欲定申之
處左大臣卿云明日早参可定申者此間被
奏大間諸卿退下左大臣已下整假殿上此
二剋罷出
今日參入卿相左大臣内大臣大納言道綱斉信
頼通公任中納言俊賢行成懐平時光教通
頼宗参了経房兼隆道方通任公信
大納言公任卿先日云遺喪之人夏時出仕時着

遭喪之人可改夏冬服哉否事

大納言公任卿先日云、遭喪之人夏時出仕時着
夏服、冬時不改冬時着服、又夏不改、仍遭喪
夜時也、出仕以及冬季、此間有思慮、今日
着時服、間案内、被答云、先日左府云、上達
部猶升時服、不改時服之事、先下﨟事也、
先年左大臣雅信説也、仍重服之時無暗服
耳、今就此説思往古事、若此説小野宮殿
給之時、三条殿被殿無着時服之、撰所
覧也、
左衛門督教通上達逢尉之状、即被返給云々、
十五日、戊辰、参内、未三剋陣、以無人、諸卿在左府
直廬云々、仍参上殿上、右大臣参、議道方参入、
諸卿尚在相府直廬云々、臨申剋、左大臣参上、
随又諸卿参入、相引着陣、有饗饌、酉剋、有
右諸卿参上、今日大納言頼通、中納言教通不列、
諸卿依文並相之近欽除目議、如此先被定伴

除目入眼事
受領功過事

禄事　廣業　去春依中納言行成申無一定、
去寛弘八年十二月帥親王封戸料出来、因
司在国之間、催辨済史責取封物解文、省

司在国之間催辨済吏責取封物解文省
符明年正月到国之司申云彼年物無進所
司々上無其料忌依其事行成卿確執左
府被示行成卿所陳無理之由諾卿相同注
付令始由了依末与不無動解由勘文行
成卿頗失面目了彼无可語行成卿云所司
勘之納官絹以有五六疋其外又有帛絹深
絹以老相府之深絹等無指宣旨不可充難
散又廿五六封所當絹廿五疋也何况五六疋未
不足時国司申返之為例封家又不可况為歴
国司所陳之詞之々於御前無披陳之詞或卿
相所密議也次宣備後切深 改職 無返深同歟
了仍不定他国事年中下蕭定文等有所付
事等相加今日定文等左府 弟取進之 俾与
之事春大納言公任卿所承也弟為宣旨上
藤仍取加件定所未也子二刻事了清書
卿中納言頼宗参議経房公信大間一通有謨
仍左大臣可事直由被示経房
今日参入卿左大臣右大臣大納言道綱斉信教通

[illegible]

今日参入卿左大臣右大臣大納言道綱斉信頼通
公任中納言俊賢行成時光教通参議経房道
方朝経公信
理義朝臣叙従四位下、件加階非常、或云、先年
頒李部爵後為超越上﨟成功朝臣給官、而
巡年給官、彼時給官後、申加階、先之無天許
今更追蒙非常賞、未知其故々々為奇
十六日己巳、午上式部大輔広業来言、明日定
殊被用意之由、慶賀人々来
（被告造宮由奉幣使事）
十七日庚午、今日被立告造宮事之御幣
使、々々未始造宮之前、將可被立之使也、或有
立造宮以後之例、々々又非無也、今日以蔵
人木工助永信被奉斎宮々勞、問斎姫欤
今日但馬守因挙撰法華経千部々々運天台
山、以知識（識）觸上下令運上、近則明日以為信真
人々申事也、事依功徳々卿雑色所等令
日伊勢幣使立日也、如何
十九日壬申、桑孫王迎送光栄朝臣許、明日為欤

十九日壬申、桑孫丸送光榮朝臣許、明日為彼
運欲法事、依先日来觸所送遣也

別當辭退時火長給祿事

廿日癸酉、四條大納言被示送云、辭退別當之時
火長給祿欲何物乎、志報給第二端之由
今日左金吾教通重上辭別當之状云々

廿一日甲戌、早朝參左府、謁談為申宮所大宮
司妙忠開榮爵、并中原師重明經得業生之
悦、小時歸出、相府云、來月十七日東宮御對面
可覲母后哉、未尋得其例、若見天暦母后
御記歟、退歸之後、示遣右衛門權佐頼任許了
件御記先年被示取相府

國擧於中堂行法會同燒亡事

昨日但馬守國擧朝臣於中堂供養千部法華
經之間、年華房燒亡、堂舍佛像經論僧房
盡燒亡云々、音樂如形、依火事也、佛事不辭云々

廿二日乙亥、以使云大外記敦頼云、明日可有陣定
左大臣御參若省試判定歟、只今上達部中無
儒者、又且貢士判定何如、參不參者一定明日
可仰歟、敦頼朝臣
資平云、昨日參左府、頼任云、相府命云、御對面

資平云昨日参左府頻仰云相府命云御對面
事見彼御氣色、〻傳、可執件事者
廿三日丙子有所勞不可参定之也仰書敦頼
朝臣許今日定多思慮當時無儒者之卿相

省試詩陣頭判事

誰人是定、才左相國無作文卿相可相定歟
必有後難歟又勅定難歟猶可難預参想
省試判極奇怪也物不宜事後又不吉仍所
不参入就中當年宿曜勘文云依文事御
依有禍難者尤有怖畏之故也陣定後日可
聞作文英雄上達部濟〻盈朝之才〻之老
若臨事墻面ヽ不如無輅車而已何事〻
喧嘩多端尤思須議後貽誹謗歟竊
惟作文卿相只其定所ヽ
洗馬牧司忠明朝臣牽進駒一疋別貢牛一頭
廿四日丁丑洗馬駒給允懐依恪勤者蔵人式部
丞雅康持来宣旨二枚
胡籙一腰大壷等

省試判事

今日御國忌不参入　昨日試判事問遣下条
大納言、其報状云昨日已如案諸儒所申太不

（朱）試判事

大仰〻、其報状云、昨日已如案、諸僧所申太
狼藉、無所據、僧申更无是定、仍公卿依相
府命、有〻入、雖非先例、不能忠文事、不可
成、所補九人、橘為通、平範国、源通輔、在原
扶光者、十上、文室輔親、藤原為祐、同實行、同
茂孝、中原師任等也、子細不能紙上、或云積
善朝臣不参、亦忽有判定、必行云〻、或云今日
定、只依相府氣色云〻

（朱）師宮被向左府宇治事　同車

廿五日、戊寅、今日師宮被向左相府宇治別業、卿
相殿上人擧首追従、於鴨川尻乗船云〻、密〻
於東院東大路大炊御門辻見之、去華尺一
町、仍小既資平、〻見、不合乗密見、可展剋許
被向、親王并延相同車、網代車〻、左右洞通、前駆次未
物節、随身次、府生皆布衣烏帽、帶弓箭
騎馬、四位五位并殿上人上達部、左右宰相中
将、経房兼隆、左大弁道方、三位中将、能信、源宰相頼定
新宰相公信、左大弁着烏帽、直衣、其外前
駆上達部皆布衣烏帽宛如俗人、参議實

驪上達部皆布衣為帽苑如俗人参議實
成追着乗船、間々々多、以伶人風宮為前
驪、在々弁着布衣儒者如之
式部大輔廣業・河内守為政・外記公資・庵従同
着布衣、使官人在車後
大納言 斉信 中納言 俊賢 同車、権大納言 頼通 中納
言 行成 中納言 教通 同車、車多不能記盡、左少
弁経頼々車無馬々也、借厩馬、資平々上着
布衣来、即参左府、依此車上下経営歟
息人々々々尤多
廿六日己卯、先日資平参左相府、次命云、随身近
衛武利近御馬乗太、無便者也、以彼御馬乗々、
随身秦近利為御馬乗、尤可善者、今依彼
命示送中将雅通許先了、而今日以将曹正方
々申云、武利近更不能申為之如何、丞近利先
案主身人并保武不仕替補給如何者帯参云
先日依左府命所作下也、利近不能退取彼御
馬乗、若有懇申者、又々被相府案也、可進退
也、若御興言欲先以近利補、近守不仕替之宜

也、若御興之欲先以近利補近守不仕替之宜
事也、件利近近利先相府随身也、一乃依彼御
消息
後日按察納言云、主上被仰云、依相府之気色観
王脱衣給遊女、次相府之宮大夫脱給之云々
脱衣云々、我勧親王先令脱、極不善事也者
軽々極也

師宮并左相府纏頭事

廿七日、庚辰、早旦資平従宇治来、觸色軽々
作文・管絃之外、遊女已千餘人相従、相府一度
脱数重衣之下、盡以脱衣、或無被草衣之者
又相府以絹百疋賜遊女、其外米若干云々
昨日夜半許帰洛者、件使中云、可参春日祭
者、答有所労不可参入之由也、中原師重明経
道得業生貢挙、條送右衛門権佐頼任所来
左府為之署、大博士貞清云、大博士独挙、仍

明経得業生貢挙事

不事也、博士署所、就中依左府密々所令奉
也、傍博士当時助教有道一人而已、入夜頼任朝
臣来云、貢挙條覧相府、有可令署之仰、仍以
此貞清使申云、難向坂下者、弟答云、今日初

也、貞清使申云、霧向坂下志賀寺答云、今日初
参大學寮之由、頼信云、只今之定可示御
若又云、相府命云、件貢擧條答、可令奉状、将
可送状者、令申可被奏也、
今夜右近小女着袴、資平令結要、前物御
進物所令調、偏件兒稱源宰相子

僧綱召事

廿八日、辛巳、入暗資平従内告送云、有僧綱召
大僧都慶命、少僧都久慶・清壽・扶公
律師蓮海・心譽
廿九日、壬午、新大僧都慶命
御覧御馬、時御馬乗騎射、手番官人
等不假由頻有勅命、仍今日御下起請了
中将雅通御下、少将資正方所傳御也、起請
文載賞罰子細在別

十一月

春日祭事

一日、癸未、奉幣春日、祭送祭使左少将顕基
摺袴二要、一要資平、
奉幣後讀經念誦
右衛門督（懐平）被返退歸後、入夜被示送了、只今有

右衛門督（懐平）被過、退帰後入夜被示送云、只今有
内々依御暦奏事、兵作法謝々、若難不平
二日、甲申、不念誦読経、依春日祭
三日、乙酉、或云、去月有射場始云々、仍取案
内、以辨々、次相示云、彼日坎日、以何就中選御
（射場始可避坎日歟）
批把第之後、初出御何、以報云、一日申左相府
命云、已被定畢之日也、不可被忌坎日者、今如
示送、初出御尤有忌、重申相府、可示案内
者
四日、丙戌、新僧都扶公昨日有消息、仍今朝
借申々々彼牛取用、車副二人可副送之由遣
有消息加還説
資平云、昨到祭使還饗所、卿相多會、大納言
斉信・中納言行成・懐平・頼宗・参議経房・實
成・道方・通任・三位中将能信・参議兼隆・公信
親昵殿上人執遂禄
新僧都扶公・律師心誉相共来、次新僧都久（文）
慶来、中将云、女房来、申刻許重煩胸病、成

慶来、中将云、女房来申、刹許重煩胸病成

有神崇事

刹許消息云、為春日明神御使所来也者、仍
往莫相尋所告、如先年於在清水賀茂春
日可致祈、所其次夕字不能具記、深所傾
奇也
五日丁亥、借新備郷々車、今朝返送、去夜車
到還来者々与二疋云々、今日消息云、可借者
色簾下簾去来、簾下簾相加付使送之

卜筮事

去夜神告聊有疑慮、以光栄・吉昌・近江法師等
占、真備皆云、慮云者
六日戊子、今日始進御覧御馬、日官人已下見

天台座主事

参、新有起請、仍進見之、参起請文在別
左相国懇奏、以院源々々被任天台座主也、但
大僧正慶円為吾大不遂者也、如離叡更不可
叙若吾惟何也、是右金吾説也、上被仰云々

射場始事

七日己丑、今日賭射場始、丹尾日不参入、付資平
令啓云許、入夜資平来云、賭射始如恒、資平
仮御剣並南殿物机、但出居右中将朝任不仰

仮御劔並南並物机候出居右中将朝任不御
的事、諸卿〻〻参入後、右将監保信着一
聲稱唯後御懸的、不、二箭失也、懸御的
了、更擬御射席、保信一箭作的替、行可
、二箭失也、次〻作法如常、三度了、今日出居
被献懸物、以並銀鋺、的三〻不給懸物、云々
不懸科簡違失事也、還御後於陣有除（有除目事　於仗座被任勅任者）
同中納言隆家任大宰帥、大弐親信辞退
替、参議左兵衛督実成蒙検非違使宣旨
左衛門督教通辞退替、除目等事左大将
奉行、〻任帥事不軽、於御前〻〻被任歟
今日参入卿相、左大将・内大将・大〻納言頼通・中納言
俊賢・行成、参議道方・三位中将能信云々
八日、庚寅、参内、諸卿不参、〻上殿上、朝見俊蔵
人木工助永信、下給並宣旨、永信下給宣旨、枯也、不知前例歟、仍
密〻相示了、即下右少弁資業、申剋退出
念覚阿闍梨依不候律師之慈恩、有被行之
心、仍相呼蔵人季[illegible]加諷諫了、頗有承諾気

心仍招呼慶命来加諷誦了頗有喜悦氣
十日壬辰去八月二日蓋覆屋瓦不及八月節
其依八月五星月令月七日蓋今日蓋了
資平云昨日帥宮被参女一品宮左相国同　帥宮被参女一品宮事
車卿相十輩追従殿上人前駈皆是故院
舊人入夜帥納言以清賢帥示送云々夜欲
来依夜行有憚明日明々日夜間可来者
十三日乙未頼任朝臣傳左府命云師重儒條
倩案不可奏従大學寮以寮解申式部
省次式部申上可作官符也答云先日有命
仍所申也但尋見前例以自解被奏聞被
成官符已有其例即申官符案付頼任
朝臣答有許容之作師重解状大博士貞
清以押署可之歟欲随卿之左右由之申了
儒士加押署之由内々貞清所之申也
今日先妣忌日仍諷誦道澄寺身極疲弱不
堪自斎食請證空阿闍梨之斎僧前分
讀經僧二人　念賢々々　興睽　以念賢之開白新寫心經法

讀經僧二人〈念賢、興照、〉以念賢々々開白新寫心經法
華經施經之例也
十四日丙申、左相國以資平被示云、大宮院御事
初若治天下後歟、御時青宮之間歟、有所記
可注送者、彼御事始者寛和二年十二月八日也
是治天下後也、即注奉之、華山院御東宮
之間於閑院有御書始、奉其記〈件記随彼命可奉之也〉
了、〈相会〉頼任朝臣來傳左相府命云、明經生々
自解申侍讀之事、同大博士貞清申云
競望時有以自解上奏之例、至于師重無
競望之者、次弟申上之宜者、仍返送傳條者
弟報云、次第申上尤佳事也、從殿下々給大
學寮之文、寮解下給式部省、無傳滞歟
頼任朝臣返文持参了
資平傳相府報云、兼之、但不可用冷泉院華〈御書始不可用冷泉華山両院例事〉
山院例者
十五日丁酉、以使申云、大原野祭龍右衞門督
依五節事不可被参、仍申廻諸卿稱故障

依五節事不々被参仍中迎諸卿稱故障
了
資平依左相国命参入晩以来云被示御對
面天晴大臣御日記事又命云於南殿可
御覧御馬先参入奉御馬并御馬騎ホ具
了可申事也者即参内奉具了参相府申
案内其後被参入　上出御南殿資平不
帯劔持御劔前行御劔者置御座　大床子
其儀如上卿駒牽勅左大臣自陣後
進就左大臣々々度南階前　依階下　早也　果自
西階着青子敷座次左将監武吉執版
位次左馬寮十列牽廻御前其儀上卿
可騎也騎廻如恒宣々下也即門出次右同
左次還御本殿駒牽次御覧左右十列
已有其例々々御覧十列未尋見了
十六日戊戌明日可奉馬之也有青宮之
令旨
十七日己亥渡御　俊　右衛門督　懐　消息東宮
馬使之用事前驅移馬者　今日御書大

御覧御馬事　出御南殿

馬使々用帝前騎移馬者　今日初皇太
皇太子初朝覲事
子朝覲、年七、仍々参入彼宮、左衛門西対御在所、諸卿候
殿上、御出時刻間、大夫斉信卿参云、午未
吉時者、臨午終剋出晝御座、々御装束給、
左右内三相府及御傍親卿相近習人達祗
候、左府遂示氣色、仍参進、更依右近中将
雅通、着今衣、奉仕御　了、給禄、女装、可寄
御車於御所々寄、被移太后々々御寝
殿之也、其後寄御車、糸毛、西対南面、左大臣
候御車後、御車副着朝服、左京権大夫
光業奉仕反閇了、給禄、出御自西御門、経
左衛門大路、諸卿騎馬扈従、着隠文帯、
螺鈿劔、右大臣侍内大臣乗車供奉、次第
存例、宮司帯刀侍者陣以兵衛陣等也、侍者一人不候云々、但宮司近候
御車前、諸卿在其前、往古例諸卿乗車々参会、当時行啓如行幸、
御車到枇杷殿東面北御門、留門外、自門内
至中宮御殿、敷筵道、中納言教通奉扶侍、
右大臣持御衣後、近習下臈上達部持候

右大臣持御衣後近習下﨟上達部持假
可宜欤大臣無便宜後退從欤着絵御劔
加又更假御劔御劔三位中将能信執之假
御後初於御出處有此儀依非宜中将々
假御劔之也内大臣所申也他人不申左右
免不了我事也皇太子先御休廬即御
在所其〔異〕母屋廂也諸卿参近其邊近習人
外悉無便宜向南廂或寄御障子或經
回廊之見物　天皇出御御帳臺上立御侍子撤畫御座太
子出自休廬把牙笏帶劔御平緒如凡人大夫傳云皇太子平緒等御衣前々不似
古實之人違去仕欤　從孫廂進御前忽推退昆明池御障子為其道天近例絡習
子更　其更立白木端立木下拜舞左大臣進出昆明池
杲底
御障子前指示作法右大臣〔顕光〕内大臣〔公季〕大夫〔斉信〕作法無失見
及御傍親卿相等御障子邊
者感欤左相府涕泣太子還休廬主上入
御更改御座供畫御座置御硯等如尋
常次出御々座一々内侍取太子々々出從御
念誦御廬中在所欤中宮御着座當御座異數首一枚次々藏

念誦御盞中〔中宮御在所歟〕肴居〔當御座異、数酋一枚〕次々蔵
人以朝経〻左大臣度御前〻〻先色数四
座〔當太子座〻、孫庇数〻〕女蔵人〻〻執太子前物高坏
供〻〔其道出供御膳〻御障子戸下、孫庇度御前更就太子前供之〕次給衛重
於大臣〔執〻皆蓋、東宮亮・殿〻者也〕〔件衛重左少将経親・右少将資業〕輦侍次
執御盃進太子、許女蔵人執銚子入酒、就〻
太子取飲〻〻居盃、輦侍等退〔天延例輦侍茶子取陪膳女蔵〕
人取御酒盞〔居折敷〕授陪膳、持折敷退還、又一人取御酒茶
進〔入御銚子〕入御盞退還、陪膳供御酒於太子、返受御酒退
還、今日作法失前後何〻　次朝経勧盃左大臣〻〻執盃擬
執銚子者〔資業〕　次洪侍執禄給太子〔御衣一襲、天延例青〕
白橡〔今日赤白橡、表御衣也〕大臣起座進太子邊給御衣
相扶太子退出、御禄授大夫〔斉信〕、以纏草
御袍于太子、顆進御前、拝舞了退帰
洪卿者中宮饗未及酒事〻前公家
給禄有差〔洪卿東宮殿上人〻禄〻、不見記、有但大臣大褂加物〕次中宮殊
給禄有差、蓋桐大褂加物而已

給祿有差、亜相大褂加物云々、
主上御中宮御方、更給笙於太子、依宮
被奉之物二種螺鈿釼・銀馬云々、是左相府
所被談、太子半後刻還給、左相府於西御
門外下自御車、若於御車之間於西御
門外乗御車歟、先出騎馬、仍不見、所於殿
上有酒饌、諸卿淵醉、朗詠及夜漏、諸卿給
祿、進御前拜礼、東宮不令昵御、紫宸御
晝御座左府云々、　還御後令昵御紫宸
之也、被仰云々、有拜礼云々、其間不可改装
東宮車了、諸卿退出、
供奉諸卿、左大臣・右大臣・内大臣、大納言道綱・
予・斉信・頼通、中納言俊賢・行成・懐平・時光・
教通・頼宗、参議経房・兼隆・實成・道方・通任・
三位能信、参議頼定・公信、中納言行成・時光
等、宰相騎不騎馬、路不幾歟、又依不合
似、宰相施時光卿一人、着無文帯、宰相慶釼依
無帯釼、若隠文帯・螺鈿釼、出自左府新

無蒔鈿者随之着螺鈿釼出自左府新
定今日弓不馬到以三町被之府生公頼
正武為騎馬後之随身六人員狩胡籙番
長為行如去年騎馬之従給疋絹居
飼給信濃二疋前馬騎斯之馬一疋後
居飼見傍禄有所思仍々給布一端騎府
生公頼不見明日可賜疋絹
後日以余侍送禄次上達部大褂一重大長加
御袙青宮侍長已但五位者黄衾衣但給並内
昇殿之者其外不給以位者襖進蔵人給之
非蔵人不給童者同襖給並内昇殿之者擇
並内昇殿之者給禄不得意一同可給者也
十八日庚子馬斃大原野祭於家解除今日
使府将監保信、府生公頼正武給疋絹因
昨日馬騎有
十九日辛丑南家因者水潤流絶可為三丈有
水汲用今日始漸流出尤可賞歎
童女二人装束
襧蘭染汗衫黄染綿打袙一襲菊重
綾袙一襲青表衣
表袴三重黄染袴

五節童女装束事

童女二人紫衣束　蒲萄染汗衫茜染綿打袙一襲菊重　綾袙一襲号表衣　表袴三重茜染袴
奉送右衛門督御許、又奉舞姫料車、又車
送大皇太后宮亮能通許、依献五節　甲斐前吏、未預
放還、今年秋五節人々能通朝臣献上　中納言懐平
中納言頼宗参議公信

廿一日、癸卯、黄昏資平来云、昨日新中納言　頼宗
出食物於殿上、即彼納言及新宰相三位中将　能信
等饗侍所、酒食之、酔後殿上人相共参
行参左相府、今日納言又出食物、新宰相　公信
同出食物、左府饗御前、大納言　頼通　中納言　教通
中納言　頼宗　三位中将　能信　参議　公信　侍殿上御設

五節童女皆着禁色事

童女新中納言之童着無文織物袙、下仕着無
文織物唐衣、並有二禁、遊若之、仰而童女下
仕着織物、是無勘当、相府被申不可有禁断
之由、只六位着紅色、是有不可着之仰、而不憚着
用、強乖嚴制、已化之、薄俗悪之、歎息施限
懸執権之心、明日於五節所脱衣之事無
下々然之由、殊有勅命云々、而相府命云、可無

不ゝ已然ゝ史陳有勅命云々、而相府命云可無
此制云、仍蜂起云々、脱々、万人皆善従悪侮至
敬者可如悪者豈然哉
闘諍事
今夜於殿上群飲、右中将雅通、左中将朝任、左
衛門権佐為義不修官違御共専飲、仍勘事云々、
廿二日、甲辰、朝餉送新中納言五節所
師前物絹六疋綿三屯、果絹送能通朝臣五節
節会事
依御物忌不出御
所、今日節会依御物忌不出御云々、而当色
日仍不参入、又随身觸障也、於外記見色上夜
味三年十一月廿日御記、此日新嘗会也、今明
雖御当物忌依不得止親蒞会坐者、今案天
暦八年以後母后御忌月正月節会無御出、仍
豊明節会破御物忌有御出、欲当時正月又
御忌月也、今日節云指有御出、欲依御物忌
国者無御出有何事乎、為後々聊記也、然有
懐平
従内右衛門督被示送云、今日三相府不被参
入、只今上臈納言不参、為之如何者、報云上臈
遂不参早可馳給、案内為之、専揮筆々之東衛

遂不参早可馳給案内為奉挿笏之事衡
蔵左中弁経通為彼御使来、依上臈不参
為給笏所参来、仍大納言斉信卿参入、
也、申来云、今下賜笏紙、是帰参、大内畢

行成初移菅原院事

又権中納言行成初移菅原院、雨脚有妨歟
廿三日、乙巳、去夜有犬死穢、
資平云、昨日節会入夜纔始、内辨大納言斉信、
小忌中納言頼宗、参議公信、其外中納言俊賢・
懐平、参議経房・実成・道方・通任、三位左中将

能信不拘制法向五節所纏頭事

能信参入五節所、脱衣、不拘制法、新中納言・新
宰相当所有上達部酒肴之儀

天台座主覚慶入滅事

天台座主覚慶昨日入滅、春秋八十七、今鑑即出
山段所了云々

臨時祭試楽事

廿五日、丁未、今日臨時祭試楽、依穢不参、障也、
々﨟以下、資平云、昨日御覧御馬、随身扶
武・鎮騎・豊之篤殊賜勅禄、左府被仰御前弄
三被感

臨時祭事

通任朝経等失礼事

廿七日、己酉、臨時祭、午刻許参内、左大臣候殿上

臨時祭事

通任朝経等失礼事

廿七日、己酉、臨時祭、午剋許参内、左大臣候殿上、
未剋御禊、使左中将経通捧御幣、作法失
例、須先捧上御祓御幣一具、而次下祓松尾、祓加礼々、而只礼松尾幣、尤失前例、左大臣候殿上、
之内記令進宣命、付蔵人奏聞、返給了、召使
於小板敷給之、御禊了於瀧口戸前、次御覧東
々庭、次牽御馬、仍起御、次調子、行事蔵人
敦親不知前例、所行欤、御禊後、給座居安重、
次出御、此間左大臣已下候軒廊、蔵人以朝経返
之、舞勅使已下次第着座、一献以舞朝経、二献
左大臣三々、大納言道綱、次居汁物、次四献、番次々
大納言頼通、次重坏、其後左大臣已下執挿頭給
使陪従舞人等、参議通任執陪従挿頭、次三位中
将能信欲執挿頭、以左大臣云、上達部不取陪従
挿頭、以此者参議更不見事也、仍不取之、
通任不知前跡欤、入御後、撤座、掃除、敷円座
御前、青子舞長橋、次出御々座、次々蔵人以
朝経召諸卿、次第参上、候御前、参議兼候長
橋、朝経蒙仰之一葉、経親経任、度御前仰之、左大臣云、

橘朝任蒙仰〻一箭経親経任度御前仰之左大臣云
朝任仰行事蔵人不可然〻仰各〻箭人其
間事不見前例如左府命一歎依命二手為
信哉子了間漸及黄昏若上達了見物之及
事燭左大臣中宮大夫道綱予源中納言俊賢平
中納言〻時光修理大夫通任不見物蔵人式部丞
雅康仰可候御神楽之由称有所労之由
退出実有方忌之故也其由内〻相示了
今日参入諸卿左大臣大納言頼通道綱教通中納言
俊賢行成時光教通頼宗参議経房道方通任
三位左中将兼隆能信参議公信
廿八日庚戌資平云昨夜左宰相中将三位中将
雲上人〻向左衛門督見面所有饗饌并
纏物百枚遊先殊甚其後帰参御神楽云
刻畢了

東宮御書始事

東宮属某来云今日御書始已刻可参入者仍
経営参入午刻許右御門院西対御在所寝殿南面母屋
御座南母屋南東第一間供御座繧繝端畳立敷茵等

[illegible]

御座南母屋南東第一間供御座繧繝端畳土敷茵等

御座前敷出雲莚一枚其上立黒漆案敷紙

一枚置御注孝経每匙袋等博士座菅円座

当御座同し唐庇少寄東方敷し尚複円座

同間南端敷し尚御前少寄東上達座従同間西行

同間東上北面更折北敷し大臣座南面端し次縁端殿上人座在南右

中将雅通奉仕御并御装束其所假廣遷

具申刻御装束了青色御衣出御し座申刻次左大臣

着御前座持御注孝経取副笏右大臣不随身事預皆起

参仕之所不持読書儀借孔事

座し兆僅得其事若非御注孝経し書欤諸

卿次第着座参議通任し外依無座席不假

御前他中納言時光不兆得事着不假御前

他卿相兆し相府久敷事等持し非御注

孝経耳殿上人三人出居同持事巻次御

博士大江挙周朝臣五位学士物定以式部大輔廣業

守仍左府以権大納言書之送新司為作許以奉解由其

之為御博士示来開本但放還与

後被急使若被し不与状不兆從仍以挙周為御博士那今

相府云東宮御書始為身之無極大事觸宮之臣經

守仍左府以桂大卿々書々送新司為作許以奉解由其
後被奏使者被示不与状不承従、仍以挙周為御博士、而今
相府云、東宮御書始為身之無極大事、爾宮之臣経重
已歓幹身而挙周雖為学士、身為五品、仍以廣業可為
御博士無状恨者、不可不解由、又以未与不人不可為御博士
事、依大節所示也、而一切不承引、依無含釈、深歎相恨
所被咄之詞不可殺記、盡為々々、但相々可芸心之下　尚複
令戒子孫之也、再三被披陳多有驚可之御詞等
玄蕃助源為善 進士蔵人 入自西中門、度御前、登
自廣廂東西階、経南々簀子、各着座、博士西面、尚複北面、皆取
劄書於笏
畢、挙周為善、貴笏開書、諸卿已下同
貴笏開書、次尚複揚聲云、文、次博士読云、御
注孝経序、頌開御書、御覧、尚複云、古之丁夫
次尚複讀云、御注孝経序、次挙周為善等退
下経橋道、次諸卿、次々弟退下着殿上饗、次入
御、左大臣云、可有〔可有管絃哉否事〕管絃歟、九條殿御記云、可有
管絃、而有事憚無其事也、被記也、必行者
諸卿不陳左右、大夫斉信卿云、然者可承来例
人欲而云、度々御事始有管絃、今必行莫
权云、無所見前例、無絃管、今物被行如何
相府許諾、酒事漸闌、杖酔朗詠、執燎

相府許諾酒事漸闌杖醉朗詠執燎
之後給禄大臣已下参議已上大褂大臣加御
衣如御袙欤諸卿入自西中門拝礼役博士尚
複等給禄不見須臾人給禄卿相後亦
無其事不知前例欤後日資平云鐘以
列立者依晴夜不見欤
先例上達部大褂一重亦給一領失前例
見参諸卿左大臣右大臣大納言道綱斉信頼通
中納言俊賢行成懐平時光教通頼宗参
経房實成道方通任三位左中将能信代参議
頼定公信
卅日壬子府生公利持来御覧御馬之見参云
出御南殿御覧検大納言頼通假陣度階前
假御前左近将監武吉取叙位者
臨夜資平来云於南殿御覧御馬如公
頼忠

頼中

十二月

一日癸丑、式部卿宮雑人与右中弁定頼朝臣

（式部卿宮雑人与右中弁定頼従者闘乱間事）

従者闘乱、其事及奏聞、以使官人被日記

之、或云、事頗違之、天気不快云々、定頼可

為猶理欤云々

二日甲寅、今日辰時内裏殿舎門廊立柱上棟

（内裏殿舎門廊立柱上棟事）

番長播磨為雅歩射一手二年、仍中府生

侍騎歩等一手並不登、仍可給府生奏之由

以将曹正方云遣中将雅通、又遣物節不仕

勤文并見任者等勢上日根仗等勤文、但不

仕者中番長日下部有返六人部吉通等之

多為孝　府掌六人部信通数年不仕、仍可

補其替、又可補者等事也、中将報云、府生奏

事尤可然事也、可令作申、奏状不仕者可被

事也、可然事也、可令作申奏状、不仕者可被
補其替之由謹奉之、是又可然、可補番長者
其丸〻〻事承了、雨事頗有所陳、然而不
可承引、一生業之府掌尋問、府同可申事
由者、今日吉日、且可令書奏状之由仰之了、又
令觸府将等、宰相中将並随身等、遣宮下中将
赴任、報云、為難取得甚理者也、早可致恪者
他将不来能相逢者、府生奏事臨時祭日有
次達左府了、已有可許
三日、己卯、将曹正方持来府生奏、注公事替
佛可注死闕替之由返給了、又雅注府日今日
持来加署、已是處務日、仍明日可加署物節
事、示遣中将雅通下、正方云、昨日府生奏事
以消息示宰相中将早給奏状可加署者、資
平依内御物忌不参云、式部卿宮雑人為之
依式部卿宮雑人闘乱事被追捕之頬下手人事
頬損、以被打調已致病、仍致奏事由召仰
使官人被追捕下手人等彼宅人中務丞

使庁人被追捕下手人等彼宅人中勢盛
光成進士相為随同載追捕宣旨左府以外
弁召奏云、臣同事先觸随則仰下云、蔵人允
信不觸事由召仰使庁人追捕諸司庁人進
士等之宣旨事既不軽、先不觸仰由被召勘
允信可被勘事、若依左府被奏、仍被返追
改宣頼春日行幸行事、可用他弁由被仰下間事
捕宣旨、宣頼春日行幸可改他弁之由被仰
也、左府来奏左右、天気不快云々
故山座主事以書状示前清性寺座主返事
一昨闘乱事、昨今日四條大納言公任卿許被示送
也、被下追捕宣旨、此間多事云々、下手人二人大
公任卿、下手人二人捕出事
間言捕出云々
四日丙辰、正方持来府生奏、加署下給中将兼通
宣書物節同進、番長金吉明、伴弘重、同下部、業正
為行内府千武大臣忠吉
清原助親業正代、玉手信頼、府生物部宗時下
毛野公武
不着陣、宣下之时、令書下大将宣、数同正方申

不着陣座下之時令書下大将宣歟、問近方中
云、中将朝臣尋見前例、一二人時書大将宣者
數々、時書宣文大将已下署了者、仍取出承之
宣文、北府披見、如近方申、又見寛弘七年十月
廿九日暦記、仍加署下給、資平来、傳勅云、遂日
脚病發動、進退無便、目又不見、尤々希有
無此之悪字敬問、左大臣所有恐悍、同中宮大
夫藤原朝臣道隆更言何事、仍密々所問也、令奏
尤々希有口執、揚他不經長病尋考之例事
皆近實不食言、須當前例難事、然予必有所
悍歟、仍雖不仰也者、又云、令朝臣従内退左府
命云、式部卿宮雜人与宣頼從者闘乱初聞
宣人不善之由、後聞朝臣回宣之輔朝臣所為極不
善非尋常、可謂不足言、以初所聞之趣昨令奏
聞、今聞實正、式部卿宮所令奏、又所令行
給尤可然、乃奏其恐、只今可參内者、但改近
捕宣旨令給、宣旨了、左府勘度、今宣頼不

捕宣旨令給右宣旨了、左府載度令定頼不
能其間多事者、宮人一人死去云々、實説不死
万死一生云々、主上被仰云、定頼已致害人、不可
為春日行事、可追出仕、極無便云々、蔵人弁資
業奉勅宣旨
五日、丁巳、給随身衣服、絹十三疋、手作布六端、手作者為信真人手給也

右中弁定頼春日行事停、依闘乱事被改右少弁資業事

右中弁定頼者春日行事也、而依闘乱事被
改右少弁資業了、定頼失面目之事也、後
代必有所傳言歟、明日太皇太后宮御讀経始
有大夫消息、又傔来告来、因假殿上可出奏付
蔵人資業朝臣、中納言行成・懐平・一条儀・道方公
信亦同假殿上、晩頭参退出

内裏犬死穢事

今日内裏有犬死穢、明日不可参四膝宮御讀
経之由承、遣大夫御許、於内卿相云々、定頼朝臣
従者多以使官人被追捕、依宣旨殊重歟、式
部卿宮人従以死去云々
六日、戊午、資平入夜来云、今朝権大納言頼通権中

六日戊午資平入夜来云今朝権大納言〔頼通〕権中〔頼宗〕
納言三位中将源〔頼定〕等相同車被逃門外被召
乗車於五條辺騎馬見古物云々彼大納言所
領也其辺有能通領処大納言有要望気
者可弾指之世也又資平云去夜奏聞彼事果
聞食了仰云病重目不見何為
七日己未雅仙両家辺之間教静律師来談通
見家流年主感歎云天地感応所令沸出可謂
去夜有何哉乎者
八日庚申資平云今日於左相府〔道〕相逢能通蜜
談一日事随身領処券文持来権大納言御
許可献者有勘当之間今有此事感悦無極
者密語云太奇〔奇〕事也云々又云相府云明年雨
后可被行我賀五十而主上盈御卅算之年
然而不可有御賀今於宮中之宮被行我賀
可有傍難又御坐別宮之間御在所使官之

可有傍難之御坐別宮之間御在所使官已

無便宜仍可申此趣被示謁同所被談也

式部卿宮有可被打定頼朝臣間事

者又云式部卿宮可被打定頼朝臣云々左府

大怒云無量悪言云々及之上聴者寒心一有耳傳

一為中宮之司云々極有片腹痛御詞云々女官

除目事右衛門督懐平承之作法被問送奥申遣了

九日辛酉早旦来云只今左道相府于桂山居仍

可依被御共今日騎遊只可遣餅宇大破子

小者 五石目宗光之破子同兖 其拝人々饗了 参内謁依殿上右衛門懐

督同依殿上同車参太皇太后宮御讀経結

太皇太后宮御讀経事

願大夫 公任 権大夫 行成 右衛門督 懐 右大弁 道方

小朶入行香了退出大夫被讀侯関乱事入夜資

平帰来了相府於桂山居右食大附言道綱

斉信中納言俊賢教通頼宗等之従房頼定

三位中将能信追従者

十日壬戌南家識祈落水訛御勤捉有感々

熒惑祀三公畏事

十三日乙丑去十一日熒惑星祀三公畏近代不見

（熒惑犯三公星事）
十三日、乙丑、去十一日熒惑星犯三公星、近代不見、
問之、変件勘文従頭弁許所送、遣愚筆至、
相可被慎欤、
十四日、丙寅、
十五日、丁卯、大外記敦頼朝臣従内送云、春日
行幸明年三月廿六日丁未時辰、季御読
経今月廿五日、
十六日、戊辰、下総大掾右寸厚時給料絹布等、
仰令頼清基師為先故宮一切経書写料、
（一切経未書了、仍予殊ゝ未給御給、下充也、守司随能無極）
暁頭清基来云、頼
別当僧都了者、（僧別当僧都者観音院別当文慶也）
（荷前使定事）
十七日、己巳、昨日内大臣申荷前使、今月廿日、
山階　大納言斉信　柏原　権大納言頼通　深草　中納言教通
後田邑　中納言頼宗　後山階　参議実成　宇治　参議道方
中宇治　参議通任　後宇治　参議頼定　班幣所　参議兼隆
廿七日復日也、有前例、守可勘送由示遣大外

廿七日復日也有前例可勘送由示遣大外
記敦頼報書云去十五日先榮吉平之
高木假陣召之間所定申也重復日不可忌
右前使文云日用重復日不可忌事
者但吉平六年日記云武孟申云重復日不
可忌仍擇申十五日也已矣然而被改定同
十六日已了件日往亡歸忌日故歟應和元
年十二月十四日御記云可被定荷前使之
日勘申十九日廿日而彼両日有復日云々今改
申他日擇申十七日也者件等例聊注送頗
弁許被愚忠也返状云驚仰事見給彼廿
七日復日也明朝欲申案内於左相府侍者
邑上御記應和元年十二月十四日左大臣令
藏人雅材奏定荷前使文中務省申擇荷
前日文十九日廿日 令仰云撿近年十七年例避復
日被定而件両日共有復日宜改勘申勅之大臣
令奏陰陽寮改擇申荷前日文十七日仰云是

令奏陰陽寮改擇申荷前日文十七日仰云是
日中宮東宮遷内裏又禎子内親王始着袴仍
公卿侍従可供奉抑廿一日依有忌不擇申
戌日尋由趣戌日忌祠祀疑祭字脱欤公卿
不定申可相准事也令仰云検延喜十七年例
陰陽頭房満勘申云十二月十五日當付已
々々忌祠祀可准事也而猶避彼月被用彼
十五日今依其例用廿一日有何事但此日只有
此忌字宣令問申云戌日又無他忌須以後日行
之々件御日記文治書廿日送頭弁許了
丑剋許當巳寅方有焼亡由義光申驚
起見之遣随身即帰来云皇后宮御領元
華山院者小一條殿東隣也中務卿親王従
理大夫伝又大僧正慶円従公家百日御修法之
處与枇杷殿甚近仍資平同車馳来 丑三剋
雲上無人只右兵衛督忽定獨俳佪小時新宰
相公信家入即参御前其後両三侍臣参

焼亡事
皇后宮御領

相公信参入、即参御前、其後両三侍従参
入、或云、侍従参皇后宮、皇后御大夫懐平家与枇杷殿不遠、仍人々歩行参入
仍先令参資平、還来云、御相府参入、着離
非彼御在所事、焼亡更御須、中務宮
坐處也、仍右兵衛督新宰相共参入、卿相多
参、左大臣早参云々、又右大臣被参、予相逢大
夫清談、師参入、同談、活緒一二剋許退出之
次以惣時防大僧正及修理大夫、大僧正御修理
壇所舎不焼、東対南舎廊等皆悉焼亡、中務
宮修理大夫住此舎、件火者人々所傳云々、上下云
只御修善舎不焼、大僧正力也、尤可感者、頗
弁談資平云、左府一人不被感歎、有被誹
難之詞者、依天台座主事歟、宿有私之事也
主上差蔵人被捻参皇后宮之上達部見参

慈徳寺御八講始事

十九日、辛未、今日慈徳寺御八講始、左相府
被参云々、奉荷前使馬允貞国
参内、依殿上右衛門督懐―同車参皇后宮

參内、依殿上右衛門督懐平同車參皇后宮
御讀經日入事始、卿相着饗座、次着御前
座、次僧侶參上、貢舍行香了、罷出、今日參入
卿相大納言頼通、中納言俊賢・懐平・教通・參
議經房・實成・道方・頼定・公信、左相府衛里、
從慈德寺被參入、不出座中、卿相從參入
依入暗不見耳
荷前使不可被立復日之事、一日示右衛門
督、仍今日奏聞、依殿上之間、召頭弁令問給後
御前歸、示之可作、左大臣者
廿日、壬申、今明物忌、只開東門、邑上應和元
年十二月十四日御記文、從冩送頭弁許、是
荷前使復日不可立間事
荷前使不被立復日之由已見、此御記、仍所
書送也、山座主事、昨日向權大納言所、答云、
間之所推被促之期、不過年中、欲者呼、内供
達案内於大僧正、昨右金吾云、座主事答聞了

達案内於大僧正、昨右金吾云、座主事答、闕了
天気無変、須弁奏送、損、又昨日金吾云、座
上被仰云、闕耳、但馬左大臣懇切申、有可任之
人之由、又随申可任皇后宮申之人、但可奏
藤吏、済公事之者、以此由可申彼宮者、開廻
愚慮事頗浅薄、要国皆人々御得分於延
元天暦御宇豈有如此之事
廿一日、天晴、数義師自今日七个日奉為、上奉
侍此斗 中将宅 是皇后命也、依右金吾将軍消
息、送名香蘇蜜信乃布等
今朝頭弁示送云、荷前復日事、昨日被仰左
府、申云、復日例甚多々者、強無所被仰者、重
（朱書）復日行荷前使不可憚同事
復日例不聞事也、豪可謂不忠信、殊不怖天
地歟、已内侍来伝、大僧正消息云、依慶命僧都
修、今朝消左相国渇、浅有一夜大事、亦有被感
歎之間、其外無他事、早退出、以尋円律師

歎之間、其外無他事、半退出、以尋円律師
令申足之事、有不可過絶之報、以佛天證
者、至天氣無變改、但明救僧正自去十九日奉
仕内御修法、結願後可任者、太無益事也
廿二日、甲戌、資平今曉參春日御社、明曉可
奉幣者
前陸奥守濟家并按察使料絹卅疋、別出
檀紙十帖、絹給人々、又給檜皮工等
右金吾云、絹百疋・米百石・布二百端從内被奉
皇后宮、依燒亡事者、右相國氣色甚悦云々
資高云、大隅掾蚕左府傳聞被召取了、捐財
為故大貳無恩、今臨亡之後被搜取財物、不
忌恥、直欺只是貪欲之甚也已
廿三日、乙亥、昨今内御物忌、仍臨曉更參、御佛
名、先參殿上、遣取案内、藏人登任云、廿一後
夜御導師參上者、仍參上、殿上御前、先右
出居前、次將向、仍稱名、為御前座、督中納

燒亡事
御佛名事

出居前、次将向、仍称名、着御前座、暫中納
言頼宗・参議経房・三位中将能信・参議公
信参上、又大将中納言行成参上、皆是外宿
也、中将朝任来、告云宿申仮者、仍起座向殿
上、右府出、仲述申云宿申、仮申二度了、
仰云申也、称唯、次弟称名、次将曹近方申
宿申、訖了、仰云与へ、称唯了、復御前座、賜
被、蔵人持綿、次行香、上達部不足、両頭
相加、次上達部進座下、次弟執禄給御導
師、已下五位蔵人資業・大進右座下取伝了、
僧侶退下、後名謁、内蔵寮署預奏遅々、仍起座
退下、
廿四日、丙子、頼任朝臣為左府御使、給明経得業
生中原師重官符、即給式部録致孝了、東宮
属某吉明日御仏名也、
前相模守孝義云、明日可下勘出宣旨、春季
御読経料、下無便宜之由、数度以愍旨不觸也、

所讀經祈了無便宜之由數度以懇旨示觸也
然而不饗應猶了申左府之由退出此歸
來云申相府命云明日了無便明後日可有政
陳申文有何事乎者

秋季御讀經事

廿五日丁丑今日秋季御讀經仍參内左大臣依
有被勞不被參日暮内大臣參入定參奏御前
僧左大弁道方書御前僧定文奏覧了給行
事弁兩納言給史皆先例黄昏打鐘諸卿參上
々間已入暗秉燭事始未有如此之例左大臣着
衣被參中宮諸卿參入予同參有渇痰命
云日來風病發動手足冷如金心神太悩依氣
中宮非宮悩氣之由相扶所參入又命云頻擲
太難得諸卿云用唐車何如答未聞此儀如何
者答云上古頻擲毛車毎年不改調随損換改
時有何事乎依毎年改張自為難得物一寸唐
車不可心中其次相模勘出文事大略申了四
條大納言云但今日下何者 道行 勘出文季御讀

條大納言公任今日下伺者 道行、勘出文章御讀
經始日無便事也諸卿相引參東宮御佛名
東宮御佛名事
大納言公任中納言俊賢合乘一車次俊賢云昨事一
日有斯儀甚被同車儀今俊賢一人不清中濃公任卿云同下
心思不被同車欤今被日被同車事何如者大納言云ゝ
依被聊難得不饗應也者作昨事ゝゝ貴不可取云ゝ 初夜御
導師未相替退出今日參内諸卿内大臣大納言
齊信頼通公任中納言俊賢行成教通頼宗參
議經房實成道方三位中將兼隆參議公信等也
内大臣外皆參青宮御佛名
右近將監頼行射殺三位中將從者事
右近將監藤原頼行射殺三位中將從者云ゝ或云
件頼行於近江國有欤強奸仍愁三位中將前使
挾守道成是彼中將雖人不令召頼行即相逢山
科口論之間遂以合戰所射殺云ゝ遣使官人未敢追
捕云ゝ行成卿云ゝ近江國司申上了者
廿六日戊寅為下前相模守孝義朝臣申請勘出
文書兩參門中二左大弁參衙來入同時刻欤及酉
刻予假敢上頃年ゝ天台座主事被遣仰左府以
大僧正慶円可任之由也而到着衙之卿相參
内 中納言俊賢 左大弁道方 今日申文事向左大弁道方ゝゝ云

内中納言俊賢　左大弁道方　今日申文事向左大弁道方々々云
已畢、文書但美取忘不持来、仍取遣先了、相待
之間、執燎頭弁朝経出陣、仰云、以大僧正慶円可
補天台座主者、可召遣少納言内記之由、仰外記孝
親、式従仰申文美持来由、左大弁示乗色何物
着南座、次大弁着座、申文作法如恒　相模勘出文句数　西寺文等
其後孝親申云、少納言守隆両三月煩病不仕
貞亮至晦日進觸穢假文、辰致今日参衛次参
皇太后宮御仏名、忽煩胸病、罷出不能参入、又
内記資信、峨外頼任未従事、為資従宅、罷出来
知其在所者、以頭弁令申由、即被仰云、明後日可行
之者、廿八日少納言・内記等辰剋以前可令召仰由
由仰孝親了、頭弁云、昨日左府被奏申座主者
未所謂、明救僧正・院源等也、而被可任大僧正慶円之
由、今日仰云、三人中可被任慶円者、相府無奏左右
皇太后宮御仏名事
還奉勅命者、戌剋参皇太后宮御仏名事未
始間、世暁更事訖退出、行香并執疏役等已無入
卿相　大納言頼通、公任、中納言俊賢、教通、頼宗　参議経房、安成、三位中将能信、参議公信
座主事

卿相（大納言頼通　公任　中納言俊賢　教通　頼宗　参議経房　実成　三位中将能信　参議公信）座主事
陣頭、聊須懐寿老随身送大僧正許、有返
事、僧正奉仕百日御修法、近依皇后宮御領慶方
故、華山院即随身還来云々、蔵人木工助永信
為勅使被遣僧正許、被物者

被定荷前使事　復日
廿七日、己卯、復　今日公家被定荷前使、復日例
未聞事、付務誰以難誰之、謂外記孝親参来
面召問、少納言内記事申云、内記為資申明日可
参由、少納言廣政申所煩来事之由者、仰云、所
煩何病乎、夜間相替備可勤使役、又負亮何
觸穢、甲乙丙間可問遣也、又明日奏聞、随仰
可作、左右先只可参陣外、又守隆病已及数月
雖然又々問遣、可申事由
後聞、勤荷前使之卿相五人、大納言頼通、中納言
教通・頼宗、参議実成・経通云々

被補天台座主事　慶円
廿八日、庚辰、従諷誦清水寺、為行天台座主宣命
事、早旦参内（已還）、少納言内記参不、問外記孝

被補天台座主事　慶圓

事早旦參内已畢少納言内記參不同外記孝
親申云内記為賢參祇少納言二人皆申故障
守隆日來不勞除夜不覺負累重明日有座續之上有下
煩似風病仍九加灸治羅向山寺辰致從一事下煩不輕者
以外弁藤經任令奏少納言故障仰云守隆同令
日來悩煩由重可遣召負亮辰致未就中負
亮不勤公事常申故障甚障不明仰其
由可召遣者須弁云毎臨時祭中妻懐妊由云
可召遣負亮辰致之事仰孝親以大僧正慶圓
任天台座主之宣命事仰内記為賢予着陣南
座為賢草宣命進之注今日仰可注廿六日
之由依仰之見也　件草奉左相府即為賢還來云
覧了者進御所返　其道用両儀而殿下被定賣子度文有術讀從藥來度消息使仍用両
儀道
下以藏人右少弁資業奏聞即返給復陣座
仰可清書之由於内記小時清書進也又進御所
奏聞又返賜少納言未參仍須内記為賢預
弁傳仰云之可召負亮但近衛少將有勅使
例左少將經親右少將經任未召遣了　両人殿上人　右
少將好親可遣召者即仰外記了良久申云少

少将好親可遞召者、即仰外記了、良久申云、少
将好親煩胸病不能行歩者、貞亮申参陣外
之由、両人事以頭弁令奏聞了、申刻左大臣参
入、打御讀經結願儀、参上御前、諸卿相從参上、
中納言懐忠・右宰相中将俊賢敢不参上、
俊陣座侍貞亮参入了、小時中納言参陣外、申
云、足下有所労、布衣参入、着位袍、装束不申
左右大略、不實欤、宣命以大外記敦頼朝臣令
傳給也、了参上、御示衛皇行香、從座立汗而返、
云、勅使貞亮来云、宣命者可預、並事太寄
旌也者、驚仰敦頼朝臣、差使令問、遞帰来申
云、貞亮列彼房、遍筆内云、若有山三隠可預給
件宣命者、各不可然之由、仍罷去了者、左大臣云
今日可有直物、而依左大弁不参不可行者、今
夜中宮御佛名、（中宮御佛名事）大臣以諸卿被参宮御方
之間、大臣退出云、着陣可令申、巻数早以定
卸郎着陣、令中文又令奏、快文御馬所文
還右衛門督懐（懐平）令取之、其後大臣諸卿参

褰右衛門督懐平令取也、其後大臣諸卿参
中宮御仏名、卿有菓子湯漬、諸卿打
僮了参御前、先名謁〈亥刻〉、次僧侶参上云々
後並退出
今日卿相左大臣〈道〉、大納言道綱・斉信・公任、中納言
俊賢・懐平・教通・頼宗、参議経房・兼隆・実成
天皇我詔旨度法師尓白作世宣勅命乎白天大
僧正法印大和尚位慶円乎春秋多積川夏
臈已高之天真言止観之業毛並習比慈覚
大師門徒之長之天山中賢聖之首たり其徳
廣被しめて積切たるを依て天台座主尓任端と
詔端布事乎白とて宣勅命を白
長和三年十二月廿八日
廿九日、辛巳、昏黒従座主許送文書二枚〈一枚延暦
寺牒下中宣命使少納言貞亮不参山、以史生重兼為
徴令上請文一枚、貞亮返云、依下去年病疾動不中追
而近老史生
送之者〉、件事無思慮、中将示達草内文
者為信朝臣重以示達座主返事云、往古不聞
之事也、而可令奏聞者、仍外記孝親、給件
二通文書、送頭弁許、令奏聞、深更来云定

二通文書送頭弁了許令奏聞深更史来云先
覧左相府改奏聞被仰云可召問頭弁者令
奏云史生随身宣命参上為之如何猶可
罷上之由先了令仰頭弁随又々仰可左右
也孝親帰来云同不参上之由自有所申可奏
其由之間皆左府下被宣奏之間以綸旨仰
孝親了内々頭弁以資平有示送事是相
府被談事云々偏是依不好之有隋難了
此事不有思慮所示遣也無殊可先之
遣相府被感了彼難追以了信中事又々
如此

追儺事

亥四剋追儺指宮時亥始故

長和三年

甲巻十四

長和四年秋

甲巻十四　巻姿／表紙

長和四年　秋

七月

三日、庚戌、未尅許頭中将（資平）来也、示有所
勞不参内之由、是雷鳴障也、仍差別
（雷鳴陣依無宣旨不立事）
使不令申々障也耳、雷鳴陣
立不、案内差随身特頼問、還於陣
帰来云、依無宣旨不立者、縁入秋節
欤、年来雷鳴陣事如奇忘耳、
四日、辛亥、資平云、主上御目如同、相府
御足猶被痛苦、不能踏立、又云、一所蔵
人親業参皇后宮、随身左番長茨
田弘近帰参内、無相送忿怒、令白侯客
座以氷沃首、昨日官人等有所愁申、仍

座以水灑前日官人等有所愁申仍
問親業所陳太愚所行非常親業申
可免弘近之由然而不答左右明日免
之云々左相府道長聞此事命不足言也
者

蔵人親業依凌礫近衛成訴訟事

五日壬子将監公助云依右近将監重方
愁六衛府今日会集八省廊依蔵人
大蔵丞親業調凌番長弘近重方子件
事先猶触頭中将可立公門之由各有
定申仍重方触愁頭中将朝臣中将云輙
不可愁者此間中将依召参内者
参内陣頭無人即参上殿上祗候之間
左右大弁道方 朝経参入良久清談此間有御禊
右大弁依軽服経営罷出頭中将資平

伊勢御祈間毎日有御禊事

云毎日有御禊是伊勢御祈也未被立御
幣使之前可有御禊者又云六衛府愁

幣使之後可有御禊者又云六衛府愁
事今朝左府命云六衛府愁訴藏人
事頗無便之事也親業所行誠雖非常忽
不可處重科内々仰事也可令止公門之
愁訴但親業所行不宜之也可仰官人
等者即令仰知官人等仍各〻散者相
府御足頗宜也今日有命云々
六日癸丑入夜尾張守経国来言明日下
向之由也不相遇只以侍従令相傳
主上御目無平復期事
七日甲寅頭中将資平傳勅云御目無可
復例之期歎思無隟依此事數慮如
乱未思食定之事多々細御難記可
然之様可能参者甚難事也　天盲難
背仍聊廻愚慮大概浅啓耳
左府足所労事
左相府足更不快痛不被踏立久起居
大苦仍多以被御進退推察　右相府

太甚、仍多以被卸進退惟谷、左相府
所被労之足殊困、身病亦内已無頼之
居之間、太之痛、仍不能久居、忽不可然之痛
似有悩気云々、右衛門督懐平所示送也、昨参
謁所見云々、
八日、乙卯、資平云、昨日参詣、作云、相合五
所懐非有御夢想云々、相府足雖不及
然之頗減平也、昨日被命者、暦博士守
暦博士守道申請与仁統可造暦由事
道申請仁統法師相倶可作進暦之
也、是故仁宗法師例者、仁宗与文光栄相倶作進之例也、
九日、丙辰、頭中将資平来云、暦博士守道
申請文、昨日覧左相府、命云、復任後可申
者、又云、相府足不快、有歎息色者、
斉信卿参南山間女子亡事
大納言斉信卿二娘今日申剋許逝去、大
納言参南山之間、多不快事、亦彼間人々
傾奇、今有此事、尤可悲々々、

須奏〻今有此事尤可恐〻
十日丁巳、女和御時故殿坐関白、主上御摂
主上御摂関関白見官奏例事
之間関白被下可見官奏之宣旨、彼例可
尋送之由、先日有命、仍所書出奉之、先
了今日重引出書写付資平奉之、其御
記云、康保四年八月十五日、伊尹卿来云、依御
摂不御覧官奏之間、准摂政大臣可見
之由将奏聞之云々、先是並家朝臣奏聞
被許了云々、公卿奉事由、可作大饗之事
也
十一日戊午、寅時許従四條宮令汲泉水給
是曼陀羅供料、尋清浄水殊令汲之
由御使史生公九所令申也、今夜備中守
知光以左少将公成為聟云々、　暁頭資平
来云、主上御目依昏黒、御坐御膳時、女
房執御箸供之、自今夜主殿主奉仕御

房執御着借之、自今夜座主奉仕御
修善、左相府同令云、所労足頗宜、催
之一両日、然而猶極痛、異気無乃不堪
渓歩者、
十二日乙未、早朝資平云、邁云、去夕参内、籠
候御物忌、夜半許心神甚悩、擲身術病発動、
所疑霍乱、欲令退出者、子細問案内、
専非霍乱、頭打身熱、心神甚苦者、君
是時行歟、吉平朝臣占云、来間時刻得病、時不堪故也、付
所之霊一所崇也者、縦雖邪気、時疫流行
之間、不加々持宜也、亦遣也、報云、去夜候
内侍所之霊若如何者、仍令占其崇、推
云内不合、但所、但所霊歟、資平、所悩無平
気云々、従今日可始読経之由、亦遣也、依
無借米、且遣米布十端、雖八専、今日之
後依無可用三宝之日、仍先所令始行、

後依無可用三寳之日、仍先所令始行
十三日庚申、資平所悩非邪氣、似時行、仍
今朝以吉平・重令占其祟并平愈之
期、占云、瘧氣也、平愈期今日以後之由
丙丁日欲着、那占盡氣、今占瘧氣以
何為定哉、平後示送、頗得尋常之由、臨
夜回邊動、心依有平復之氣、飲食雖不
快、不異尋常者、今朝皇延法師占云、
悪治身上有時行氣、但三箇日許有
悩氣歟、明日有平復歟、不然丙丁日平
復歟者
十四日辛酉、未明問資平、報云、飲食如例
已得尋常由示送者、皇延法師占符合、
可感々々、拜見借須送寺々、資平雖
得尋常、無力殊甚、所煩不幾、容貌
小瘦々々、人々云、近日時瘧衛以無

（6）

小衰〻瘦云〻、人〻云、近日時疫漸以無
音、希有悩者不過三日五日得平愈
云〻、路頭不見死骸云〻、
十五日、壬戌、雷鳴〻〻、同不参〻〻、障若随
身不遂蔵人許、今日京中殊不雨、而
紙屋河・堀河・東院大路河等大(水)遂溢、人
輒不渡云〻、疑是河上大雨歟、
十六日、癸亥、右衛門督(懐平)示送云、那日参左
相府、雑物等被預入唐僧念救(卿相以下智識物所集)、
被送(云〻)、其後相府被参皇太后宮、御方御足
太不便也、寄車於南面被乗〻〻間、一両
人相扶進退、失便甚見苦也、相府命云、
今日宜日、仍先参宮也者、仁統法師来
語次云、左相国今年有頻月足等厄、先
日進勘文、而被踏損御足、可謂理運厄
歟者、

欲者

左府參皇太后宮事

十七日甲子、右金吾送云、左府一昨日被
參皇太后宮、寄車於北垣新廊〈女房車寄、出入析〉
〈今新造北垣廊ゝ〉被參入、昨日左中弁経通云、足更
不被踏立之由、有命也、當時不起給者、
漸及卅日、尤是為奇、有恐緒歟、
參内、来ゝ御物忌、今日諸卿不參、暫候罷
出、晩景史致孝云、今日左相府与右衛門
督同車見給二條第造作者、而同送金
吾報書云、未刻詣左府、即御車後ゝ被
召、乗申刻、被還御於本處、御足極不便
也、然而強相構云々、只行き給なめり、臨
御物忌、可參内之由、左右和被命、仍如此
又たゝれなけりて知見えて、侍従者
十八日乙丑、右金吾被示送云、伊勢使事、内ゝ
奉仰事、昨日申相府、命可勤仕之由、明日

奉仕事、那日申相府、令可勤仕之由、明日
可有一定者、又被示云、書立雑事
十九日、丙寅、一昨日借鋤那日返送彼納言（公信）
自故葬家送物、仍令立觸穢札事
等、當今月十二日故長而被返送穢物
申達案内、其返事云、至愚事也、惣
無忌穢之人、有然而是指觸穢也、仍請
廿三箇日假、令立觸穢簡、押大納言家甲
穢之、然申達案内、報云、去十二日行此事
處、雖乙處、ム乙處甲人着伊勢使、令吾
奉仕彼々書立雑具、可借送也、而愚所
有此穢、是又令輔相申達事也、又令輔
相有令書立彼御書之事、至今依深
穢、不可書立也、令輔相来歸来之同令
吾書状云、那日依召参内、以来月二日可
参伊勢者、令輔相歸来傳令吾報
云、大納言可被奉仕之由、遼遠而忽被借

云大納言可被出仕之日遼遠而忽被借
物忌今有此穢奇申而已者　高周
穢來由左中辨經通來有信去夜宿余
家到弁宅着座弁可在右衛門督共仍
而案内有信已高雨身着座處不可
穢大納言着其當敷者女是處為甲乙
太皇太后宮已處大納言候彼宮以借大納
言之卸返送仍以余車為丙到余家之
人不可穢又家人到他處其處不可
為穢
廿日丁卯今日四条女御為除服臨於河原
被用余車大納言傳示也　外記史生持
來維摩會講師請書依觸穢不署

主上御目無減事

廿一日戊辰山座主被送言談次云明日御修
法結願御目更無損減已無御修法驗
又云光源法師云修法令奉平復御目陰

又云、光源法師云、修法奉令平復御目、陰
陽頭文高占方不到来、奉仕件事可
蔵占云々、答、如此之事僧家識奏極以無
便、付女房可奏之由、光源云、可奏聞之
由相談修理大夫入道、着太宰権事也、非
練行者非陰陽師、修何法行何祭可
令除愈平人心可悲々々、又座主云、故

自大宋送天台疏状事
送智者大師影像等

座主覚慶々時、大宋国天台疏日本国
天台延暦寺、送智者大師影像流法時
如意・鐵鉢・袈裟・茶垸壺 昔納仏舎利之壺 当時無舎利
而彼時無音、今彼使僧念救臨退帰之
尅返牒事觸慶円之々、答云、彼時之事
不知案内之物、實不納寺家、因何当時
可遣返牒乎、念救云、觸故座主弟子
前僧都院源、左右無答、随之無請納書

前僧都院源大右無答随之無請納書
状帰宗国真貴難避状仍念救申左相
府〻〻大怒云院源太福着都也取龍
物寄〻不如寺家極奇事也念救向院
源所示事也者念救應相府命到院
源許院源取如件四个種物令変念救
〻〻請取挍度因〻〻参相府申案
内命云件事初故座之件物等先可備
天覧次可令拜見諸僧而不令人拜見
一室中年月推移座之遷化其後前僧
都院源度〻来向不陳此事仍又不
問案内之間念救頻有令申至今物已
如来可返返辭但答金百両許宜状
僧還如答、如集有便状申云件事有
次参事也仰云〻〻可充給幾許可給

次奏事由作云々可免給歟許可給
手者奏云下給之砂金數被作殿下自
有所申欤相府命云先備灑不可出數
不足者從公家申給其不足可宜者條
狀事觸式部大輔廣業ゝゝ云件宋人
不返牒依太相府命二通作之奉已重
疊以文章博士通直可令作即以二廣業
書札示遣了者余答云文章博士宣義
作宜欤然而示遣直通了者於見智
者大略歟傳寫之如何廣已云答之可
奉請者

左府参内事
廿二日己巳此日戌剋左大臣參内進退不調
仍乘車於陣下之子息右衛門 頼通 教通 相
扶入陣之間不可觸被參御前之猶
扶甚不便也亥剋許退出是藏人登任

扶甚不便也、亥剋許退出、且之蔵人登任
密談、頭中将資平云、光源法師之事、式
部卿宮被傳奏、即白山座主之令向給、替
犯乱令申之由云々、光源者座主之弟子
也

太皇太后御悩事

廿三日、庚午、太皇太后宮大夫〔公任〕示送云、
宮悩氣御坐者、乍驚申達案内、報云、即
日申剋許悩氣御坐、自此巳時許御身
寒氣立、頗熱氣御坐、仍令占之、疫氣
之上御邪氣相祟所奉致云々、未時許
頗熱氣散給者

廿四日、辛未、太后御悩案内、取於大夫、報
云、夜間殊事不御坐、但猶非尋常、妻
同可試者、　資平書状云、去夕左府被

内女房夢想事　御目

参内云々、進退必一昨日甚不便云々、蔵人登
任云々、侍従内侍夢想云、蔵人懐信参書

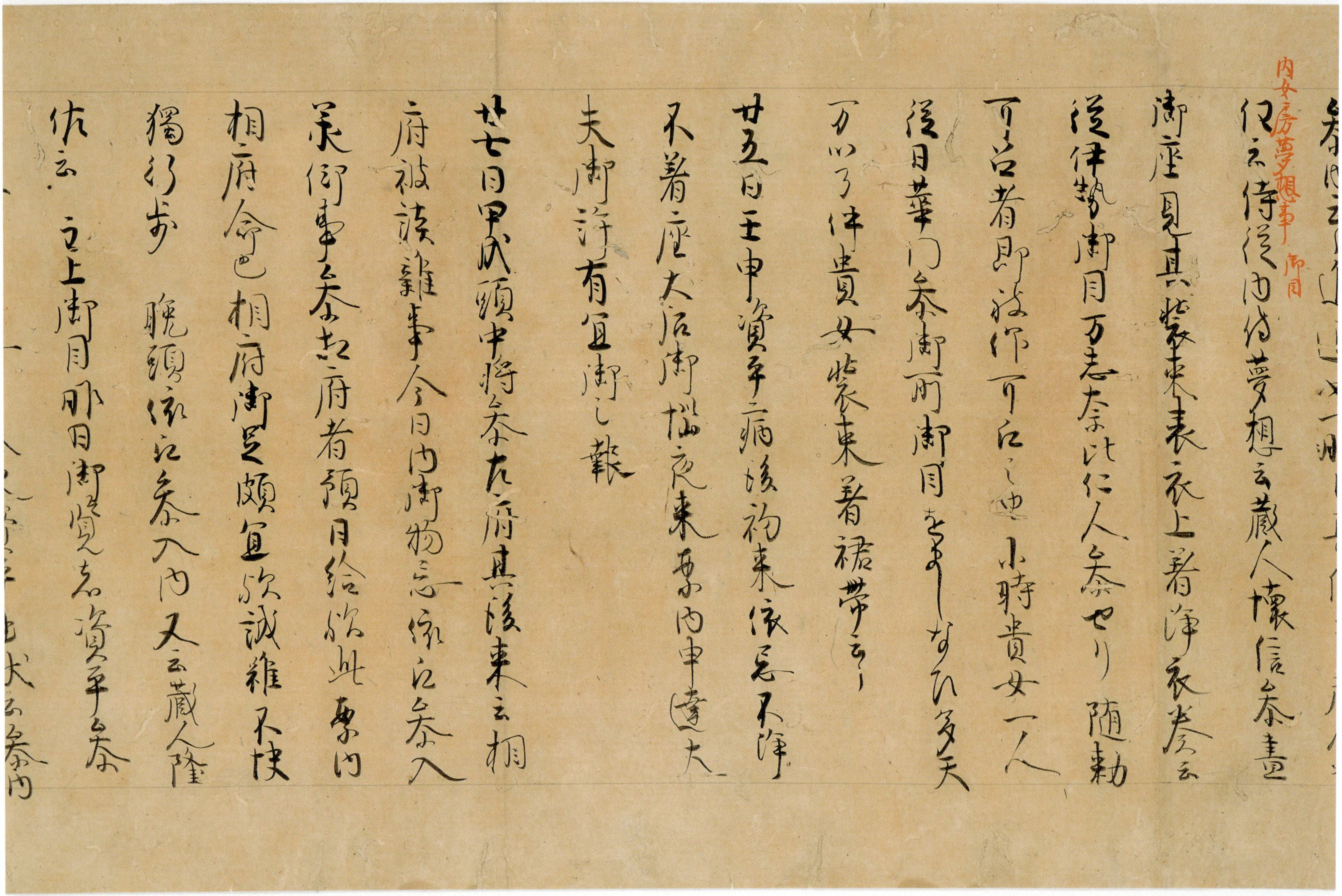

内女房夢想事　御目

侍従内侍夢想云、蔵人懐信参壺
御座見、其装束表衣上着浄衣参云々、
従件処御目可志奈比仁人参せり、随勅
可給着、即被作可々之由、小時貴女一人
従日華門参御所、御目をましなひ多天
まいりて件貴女装束着裙帯云々、
廿五日、壬申、資平二病後初来、依忌不浄
不着座、太后御悩夜来重、内申達大
夫、御許有宜御之報、
廿七日、甲戌、頭中将参左府、其後来云、相
府被談雑事、今日内御物忌、依之参入、
莫御事参来、府着頭目給、欲此案内、
相府命也、相府御足頗宜、欲誠雖不快
独行歩、　晩頭依之参入内、又云、蔵人隆
佐云、　主上御目昨日御覧宜、資平参

依之、上御目昨日御覧云、資平参
宿、大内日無忌、入夜資平来、状云、参内
（南殿橋下有死人白頭事）
徘徊、左ゝ近ゝ間、厳人、火焼之来云、南殿橋
下有死人頭、是下人所申者、差永信、令
見、帰来云、死人頭有實、但半破、頭也、其
色白、久時頭欤者、暫不被露計也、不可為
穢乎、新頭、全者謂五體不具、可為七个
日穢、今此頭半破、又非新頭、仍不可為穢
欤、随案内可進止者、報云、大小事先申右相
府、令秘隠此事、可有後責欤、早達相府
随彼令旨可有定、欤、但廻愚慮、不可
為穢、然而大神事之間、（来月二日可被立伊勢使）内ゝ申
定、不違相府可無便者也、只先申相府
聴彼定之上計也、不申相府之前可無
奏聞
廿八日、乙亥、去夜穢事、早旦、召遣資平、許

廿八日、乙亥、去夜穢事早旦問遣資平許、
返報云、去夕以永信令申左府了、頭已新、事
相府命云、恒例神事之時不可必忌、至此
度已異例、被改日宜歟者、只今參彼殿、
可一定云々、如去夕示遣、頭已久時頭也、非新
頭者、今朝報云、頭已新者、討也、去夜永信（後聞、馬轄穢、永信陳非新頭之由云々）
不堪檢歟、余重示資平云、如相府命者、恒
例神事不可必忌者、神事何有善別乎、
若有疑慮者、先被下申、依彼御卜可及近
日歟、穢身不可口入、然而密々所示遣也、
返報云、先是左府命云、十四日以前吉日可
令勘申者、未剋許中將來云、伊勢使日
（依死人頭穢伊勢幣延引事）
勘申、來月十一日、依穢延引事、若有事崇
歟、如何、吉平朝臣占申、依外來穢有此穢
也、能尋至來月三日有穢到内裏之穢
云々、仍有此穢歟、還似感應云々、

云々、仍有此穢、欲遷仏、感應云々、
卅日、丁丑、或云、源宰相〈頼定〉日来有所悩、於
三井寺悛善云々、今日以書状訪之、返報云、
七十餘日不受飲食、仍自去月廿六日以龍
三井寺悛善者、彼是之云、堆埵枯槁過日
祈信云々、

八月

一日、戊寅、頭中将来云、昨日北野宮司宣旨
（被補北野宮寺司事）
下〈検校阿闍梨遍救　別当寛源〉、又云、上御目宜御坐、日来
（主上御目損平復事）
不供威儀饌、従明日可供也、有作事官
奏左大臣可見下之也、今日可作是小野
（鷺集新造寝屋事）
宮太政大臣例也、戌刻鷺集新造寝
殿上、翁里不堪見其時鷺也、
二日、己卯、昨鷺怪吉平占云、可慎病事
者、鷺怪従故殿御時至今、無有慶賀、〈怪日以後廿五日内及十月明年正月節中甲乙日、自近江師推云、甲乙日可慎、主人有慶賀、翻同吉平、〉
然而依占之吉凶定怪之善悪耳、

然而依占〻吉凶定恠〻善悪耳
東宮及右大臣家穢事
早朝帯刀頭輔云宮有死穢犬喫入童云々又則
右相府其穢一同雖参客不着座罷出
者余同五騎不見欲参云其案内不承小
時頭中将告送云右相府有死穢自内省度
旨占即東云牛放失不能早参内穢〻
案内参内可示送也其穢未到内裏云々
者又云昨日左中作日官奏見可下〻
由而作左大臣更不承従　御目漸宜御
着如例可候参也着御日出三箇日御
覧今ト別御障子繪云々　資平従内
伊勢使依可被立有觸穢沙汰事
退出云穢事被作左府云穢雖不交来
客中如何若依占可出使欲如何相府参
云客中不穢使亦不穢因何有御占哉
只早可令占給者也奉行此事〻大
納言頼通觸穢但中納言行成　中納言〻経房依

納言頼通觸穢但中納言行成中納言経房依
仰不觸穢又云右大臣内大臣遣内裏穢了
行件使事々也向彼者至相弟可仰々者
余答云過明日傳仰此事甚似違々不
奉仰事々為奏觸穢也如何今日先詣
右府傳示勅旨右府有障者可詣
内府宜然資平即詣右府説又云右衛
門督参内被仰可然参々也仍可参入
者共人々患深穢然雖然仍為左大中
弁経通同觸穢不可然之由余返御共者仍
忽有可然之経営万事不合之余
家至彼十一日有觸穢不能加々右相
府及余之有可然之由之命者今日穢
重仍為卅箇日穢者東燭資平来
云々参右府傳宣奏奉仰事之也今日

云々参右府傳宣奉仕事々也　今日
被補御匣殿別當間事
以故右大臣道兼女為御匣殿別當之由
宣旨下以藏人懐信被仰也先申左
府随彼命遣藏人耳但書下宣旨之
處不覺後日可尋下者此事下官
不覺資平問中納言行成卿答云忽
不覺先年為藏人頭之日所奉之宣
旨也定有所覺歟尋見可示也者
翌日云書内侍宣給内藏寮之官符
宣旨書告御匣殿着是右衛門督女時
例則金吾所談但他例亦内藏寮官
人可尋問也後日内藏允利成申云為此
御匣殿別當之由内々奉仕事以宣旨
書下給於寮々若下給者取其宣
旨主官人可向彼宅而年来不聞之由
又其宣旨事不見寮之庭立納殿藏人

又其宣旨事不見審、返之、納所蔵人
白御服所官人、仰可度御服於御匣殿
別當所、々々其物無宣旨者、又々可
能尋被事所者

依太神宮司申過穢可被立奉幣事

三日、庚辰、早旦資平来云、伊勢大神宮司
為公朝臣申間、甚不浄、被立御祈使可無
感應、来月令立給宜、往之有夢想、其夢想云々
不記耳
早経奏聞、之申左相府可申停者
為公所申則是大神宮々々所被仰也、不可
令置疑、須令立給宜御幣無神納欤
去六月御幣欲令奉納、遂不能開御殿
仍納他殿、是縁不浄也、今般御祈可有
殊有事々、感應依清浄也、勅使参假
廣前、為公申開御殿、鑰不開、極可不便
其事無疑欤者、此由若可申早否者
余答云、先申相府、随彼命経奏聞可

余答云、先申相府、随彼命経奏聞可
宜者、穢遍満、諸人知可恐之事也、資平
従之示送云、伊勢使過穢可被発遣者、
四日、辛巳、余釋奠不触依觸穢不可参、其
日雖遠、今日依外記為国假文、先日外
記為外記知歟、然而為不令闕事、重
所作也、源納言、後同不触也、忌不触之
然左相府穢歟、為驚如然早令知余
障耳、　頭来、着座、依御幣使止歟
云々、上御目那宜御坐也、被仰、然而未
従威儀無、先日有可借之仰、尚不被行歟、
相府御足雖平復、時々不被也、被命勅
橋歟者、又密語云、天作云譲位事、左
御譲位左府被催申事
府近日頻有催事、答云、伊勢祈後之
今年以後随状可思定者、大事々甚

今年以後随状可思定者、大事々甚
怪事也、
〔釋奠事〕
十日、丁亥、今日釋奠、依觸穢不参、大學
寮其由先日彼外記為國許傳聞、依
〔依疫氣不行宴座事〕
疫不行宴座、差是前例事也、道々
古論傳云々、大相國以資平被示
〔被仰密々事〕
密事、主上御目事、此間無公事、付其事有
密事、還宮有無事々多恐多不能
詳記、雖愚慮難廻不可不申、愁以所懐
合渝資平了、明旦参彼殿可申者、源
宰相来、良久清談、
十一日、戊子、頭中将来、即参内、従内示送云、〔資平〕
〔明経博士見参留所哉否事〕
参左相府、令云、今日可遣上卿可令奏
明経博士不見参者、依彼命可遣了、見
参若可不返給乎、將留御所歟、如何、
者、報云、今日見参、上卿只見了返給外記

者報云今日見参上卿只見了返給外記
更不奏聞但随彼命可左右也上卿若
奏聞者可返給歟一通進蔵人所以彼
可知給禄之人数歟故殿九条殿只見
之参了返給可記者因見邑上御記應
和二年右大将藤原朝臣同三年右大臣康
保二年左大臣令奏博士等参入之由不
奏見参但康保三年八月廿六日仰令召納
言已上一人申剋右大将藤原朝臣令蔵人
為信奏明経博士已下名簿依物忌停
内論義云々者只與例召納言令奏博
士已下名簿然而無年々例違口傳
耳
十二日己丑資平来云明日召遣中納言経
房先奏博士等参入由被仰不可有御南

唐先奏博士亦参入也、被仰不可然御南
所之由、被仰内侍不候之由者、申次奏博士亦召
清左府所仰也云々
薄御覧了返賜者、予答云、先奏博士
参入也、次更奏博士、見参如何、不奏見
参之時、只以詞奏博士亦参入也者、已未
得其意、左府命云、奏博士参入也、其
次被仰不可然御之由、猶奏見参可
然也者、清慎公・九條殿共不被奏見
参之後可為亀鏡、今案不宜歟之由云
左府同云、彼両事違下官申者、相示了
依祠人不能執申者、有諾者、　從内
資平告送云、木工頭周頼・右衛門尉
不恪勤侍臣除籍事
源頼範検非違使被削簡了者、依不
恪勤、去月起請云、日十五、夜五、無指
故障仲日夜不満者可除籍之人

故障件日夜不満者可除籍由人
無故致怠者歟

諸衛官人直闕可處重勤事

人頭資平傳勅云、諸衛官人今月八
十三日庚寅、参内、参議道方参入、蔵
後三度已上致直闕者可重勤之由
可仰下者、即仰外記文規、　右大辨相
共参上、右上蔵人懐信下宣旨二枚、右
大臣着直衣被参、中宮亮方依一日命
奉謁、被談天下事并還宮事等、有
所憚不能記、良久之後臨昏退私、
又左府始参内、々裏已穢
十四日辛卯、頭中将来云、有急速變参大
内者、府生良實申云、外記文規仰云、今
月三度直闕者可解却、見任者那日
宣旨趣、今日傳宣趣已以相違、仍召遣

宣旨趣、今日傳宣趣之、以相違、仍無
外記元規、仰相違由、即進宣旨、而不
遠宣旨趣、良真不堪傳歟、以宣旨
事趣不堪傳之由、又示良真、事所記
元規了　入夜資平来云、昨日宮御悩
東宮御悩事
御相多参、又云、還宮事相府難渋
之上、亦有入御之御心、又云、昨宮有御
悩氣者
十五日壬辰、四条大納言告送云、東宮自
一昨日夕御身熱悩、御之瘧病者
近日赤痢之瘧病等、以蔓延、今歳五躰
病患無間、就可恐怖了、資平同車
臨河頭解除、依觸穢、不奉幣八幡宮
也、維摩會講師請并持来加署
返給、勅願、法相宗専寺年五十三、臈三十三
参東宮、脱頭左相府、被参良久、清

参東宮、晩頭左相府被参、良久清
談、重悩給、昨猶悩給、今日頗宜御坐、而
臥而不起給者、黄昏退出、此間甚雨
今日秘書等奉遣大納言公任御許、依被御
消息、
十八日、乙未、傳聞、今日於雲林院御霊會、童
部・群闘乱、童二人騎馬馳参、度枇
杷殿東門云々、　後日聞、左衛門陣左兵
衛陣官等有被召問云々、資平奉綸
旨、傳仰中納言俊賢云々、
十九日、丙申、資平來、密談云、主上被仰云、近
日相府頻催讓位事、然而不帰入、大
裏不可有其事、猶来月欲入大裏、
也仰左大臣之有何心者、被催申大事
如何、〻非吉善事耳、相府是雖平
復、行歩不穏之如塞、頗歎息云々

復行歩不穏之如寒、頗歎息云々、
今朝所令資平傳談、廿六日吉日、初欲
着陣、而今不可着穢者、
廿二日、辛亥、早旦資平来云、今日左相国被
向桂山庄、依有氣色可候御共者、騎馬
馬被従、又云、相府云、主上御目所持甚宜
遠近物已不覚、叙位除目不可被行、又
不可候官奏、如今皇政癈忘、徒然
目雖有所悼、不可不奏者、至今似被

〔朱〕還宮後可有御譲位事

御譲位事之上、入御之御志亦切、還宮
之後天下可相政欤、主上被仰〈密〉云、還宮
遂了目猶不見者、可従相府之志者、

〔朱〕左府与山座主不快間不被奏門徒解文事

日来左府依普賢院事、〈普賢院故関白北方建立堂也〉与
山座主御中不宜、座主解却彼院別当
之事也、仍被奏智證大師門徒解文、
而不被奏慈覺大師門徒解文、件解

等不被奏慈覺大師門徒解文、件解
文座主所放也、但件解文等被預資平
過今一兩日可令奏者、是資平所談
也、依座主事不可被留門徒解文者
無理事也
廿三日、庚子、参内、大納言頼通・公信・中納言
俊賢・懐平参入、余申一剋退出
廿四日、辛丑、天台座主被定、臨暫清談、
明日被下山、為申開文殊楼並普賢院・祇
園等事参左相府、氣色猶不宜件事
（山座主牛童為阿闍梨済祇被凌轢事）
源中納言俊賢談云也者、又云、牛童為
済義阿闍梨被打調、不知牛所在、従又大納言
御許頻有御消息、依此事之間不能
相訖、牛従彼大納言許被牽送者
廿五日、壬寅、資平云、今日主上有御晝御
座被作云、日頗宜、如今日者行除目見

座被仰云、目頗宜、如今日者、行除目見
官奏歟、　依東寺阿闍梨前文禅林
僧都深覚罵辱中納言俊賢所事
寺僧都深覚奉右相府悪言罵辱
并中納言俊賢云々、相府被談、資平也
廿六日、癸卯、心神不從例、手足猶熱、明日直
物次、若可有受領功過定者、去春除
目所残之国々事、須定申也、而有所煩
不可参之由、早旦以頭中将資平令達
相府、　式部卿宮御消息云、以使致行朝
以内舎人藤原　可請将監者、不承從之
召使申云、明日可有陣定、可参入者、答
有所煩不可参由、　蔵人懐信持宣旨一
枚、資平位禄文　入夜頭中将来云、明日有所
労病不参入之由申、相府又受領功過定
事同申了、命云、足下猶不例、依吉日可
着陣次、直物若当三日物、許歟、除書

着陣次直物若当三合物許於陰書
事明旦可相示也召替文付了
（直物并小除目事）
廿七日甲辰今日左大臣被労足之後初
参陣々々行直物又有小除目々々臨夜
資平従内示送云小除目於陣行之図
書頭有隆中務丞源懐信蔵人主元大
中臣頼成上野介定輔被定新任国之
司申請事不被定之受領功過天台阿
闍梨宣旨下頼寿辞之解文　大僧
正使懐源法師被送辞書案其状有
辞大僧正職以内供良円可被任律師之
事者答云雖有前例怨不可然其
故者大和尚与左相府近日不和而無
許容於又良円事下官内々先達
相府随其気色可左右也而不経奏

相府随身気色、可左右也、而不経奏
内被奏内状、相府許之、有所懐歟、就
中良円法師非宿老、又非无瑕、重職
被譲与如何、更々不可被請由返々令
懐通了、資平密々自内告送云、今日
可被任上野守定輔云々、而度成功云々今朝左相府所
命也者、深更資平来云、定輔被補
任之事、南度成功又買、故一品宮二条
献至尊為後院、今朝々々将監公助
所示々将監事、中左府随身被奏
聞、依請、々将曹六人部保春被任将
監、々府生秦正親任将曹、右衛門志安
除目次被下阿闍梨宣旨事
守良蕃検非違使宣旨、又天台東
寺惣持寺小阿闍梨二人宣旨下之云々
左府被向桂山荘事
廿八日、乙巳、今日左相国向門乎、此方被向桂

左府被向桂山庄事

廿八日、己巳、今日左相国同平北方被向桂
山庄、卿相・雲上人等率首追従云々、資平
朝臣着布衣騎馬前駈、慶賀人々来、
新阿闍梨頼壽来、相逢談話、大少
弁経頼持来右馬寮申上野馬不率
進之解文、仰可奏由、経頼朝臣云、今日
上卿不参、仍所持来者、余答云、左府
不参之時、前々令奏其由耳、又持来
里第令見之例、同又存矣、
廿九日、庚午、資平云、昨日左府随身北方
与車一被向桂山家、大納言道綱・頼通・公信、
中納言俊賢・教通・頼宗・経房、参議道
方・三位中将能信、参議公信・朝経等相
従、雲上人等同追従、居上人之上、讀和
歌、
卅日、辛未、左相府以資平被示可救之府生

卅日丁未左相府以資平被示可被二府生
参於随身番長多重隆之由其間
有戯言令下官進被之気色此事
先日謁談次余申云可被召仕番長
下野公時但至重隆可賜府生参由
般闕外准左例可加請今一人之故也
今日相府令云無闕之時不可被参
之由何况申闕辛者是無興之言報其
参了
九月
一日戊申早旦沐浴於河頭解除小
児周車依懇切相語也
二日己酉府生清参番長多宿祢重隆府生秦正親轉将曹替令
日外下使将曹正方令暑了付頭左中将
資平朝臣一所左丞相以資平被示送件

資平朝臣一昨左丞相以資平被示送件
奏事、仍付資平先令達相府耳
藏人頭城外可具小舎人事
資平云、左府命云、伊勢昔可随身小
舎人平如何者、申云、非公使、仍不可随
身、又命云、藏人頭城外猶可随身也、島
従彼命可随身者、先日申可随身者
長之也、命云、府生又可随身者、只従彼
命、途間騎用料可備給馬二疋了
備与右衛門督者
三日、庚戌、黄昏資平来云、二府生宣二日使
下奉左府、々々被参内、命心神乖乱之由、
被退出、之朝女装束一襲送頭中将
許、伊勢備禄料也、縁一日有所觸
五日、壬子、早旦右衛門督資平被過、下立清
談伊勢雜事、殊依潔斎不被着座
資平云、権大納言頼通行伊勢事、而有七

資平云、権大納言頼通行伊勢事、而有七
箇日穢胎穢、仍昨日依左相府命、作大
納言公任者、公任卿今朝示送此由、被備
幣付使奉送之、参内、中納言頼宗経
房参議通任在陣座、云、権大納言家穢到
左府、々々人参中宮、仍宮中觸穢、伊勢
使不可被立之由云々、依其事頭中将資
平為御使参左府、者小時資平来
陣頭、問案内、云、東宮有犬死穢、不知其

依東宮犬死穢伊勢使延引事

由頼行朝臣参中宮、仍伊勢使延引改定之
十四日依其事、相府被参入、頻有延引之
上、歎息給、又相府云、両度依東宮穢延
迴甚不便事、有歎息気者、余及卿相
謂相府直廬、々々到是中宮御方也、先
是中納言行成、俊中宮大夫被候内御前
之、良久之後、自御前退下、余清談之

云々、良久之後自御前退下、余清談之
間他卿退出、中納言教通従道方所参入
相府云、伊勢使数度延引、極不便事
也、改定十四日、觸事吉平朝臣申云、依
邪気妨延引者、資平奉勅於蔵人
所令勘申也、相府召吉平覆問而已
相府云、毎日御祓不可然、觸穢間不可有
伊勢御祓、明日只可有依觸穢延引御祓者
資平承此旨、相府云、小女自晦日身熱重
煩、不受飲食、辛苦無隙者、余黄昏罷
出
七日、甲寅、鶏鳴盗入西殿、多取雑物、而畢
且有御消息、以驚之、以侍童申達、而報云
御莒・簾・鋺并筆・桙内消得女房雑物等之
多具数云々、右衛門督移住西殿、鶏盗事
遂消彼家之使、従途寄良久清談、其様
余消西殿可然之雑物等皆悉被取之知

余謂両度可然之雑物不皆悉撥取所知
者問之者云、資平傳宣勅云、依御
目事有思食煩之事、大難参事也、思
慮明日可令参也

公卿勅使時可具王氏事

八日己卯、大納言公任卿示送云、公卿為勅使之
時又相副王氏、明日同返申、内々後賢被申之、為使時
又不具王氏従、中納言云、行成時依天慶例有之云々
者、天慶賊乱之時、参議保平為使、彼時例見故
殿御記、次可注送者、御記云、天慶三年正月廿八
丁亥、早旦参入、参議伊衡勅使、依寛平例、以参議保
平為祈民騒、又為使、明日密勅事、令
令奏聞、事趣非人事之、自承之

九日庚辰、資平云、彼事明日奏聞、仍可被作云
如所思、然而甚難耐也云々

十日辛巳、皮仙新占東山法楼小堂
安置金色釋迦如来迎之、此与三肩仙有
暗誦数巻大乗経云々、仍向彼堂場頭中
将資平・前大和守景斉同車到坂下騎

将資、常陸大和守景斉同車到坂下騎
馬参上、有被仰旨、仰旨暗誦観佛三
昧経讃随喜功徳、仰云、近亮讃歎國人年
卅三日自夏後暗誦諸大乗小経、若是
權者歟、資平云、今日定申五節所

五節定事

上　備前守景理　備後守師長　中納言経房参議朝経

例幣宣命不可草奏事

十一日、戊午、早旦大内〻〻公以書状云、今日宣
命大臣奏覧見太政官式、上卿時例有
辞別者不奏草、只奏清奏、而無辞別
者内記付内侍奏覧見、先公御記小野、又
注其御記無辞別、時不見奏也、又九条記如
之、依近例者可奏清書焉、〻〻可随
見示者、報云、無辞別之時内記付内侍之
由見故殿御記、他記亦然矣、但近代無
辞別之時猶奏、今案付内侍之文上卿
進奏之事非無其例、何況存新式之

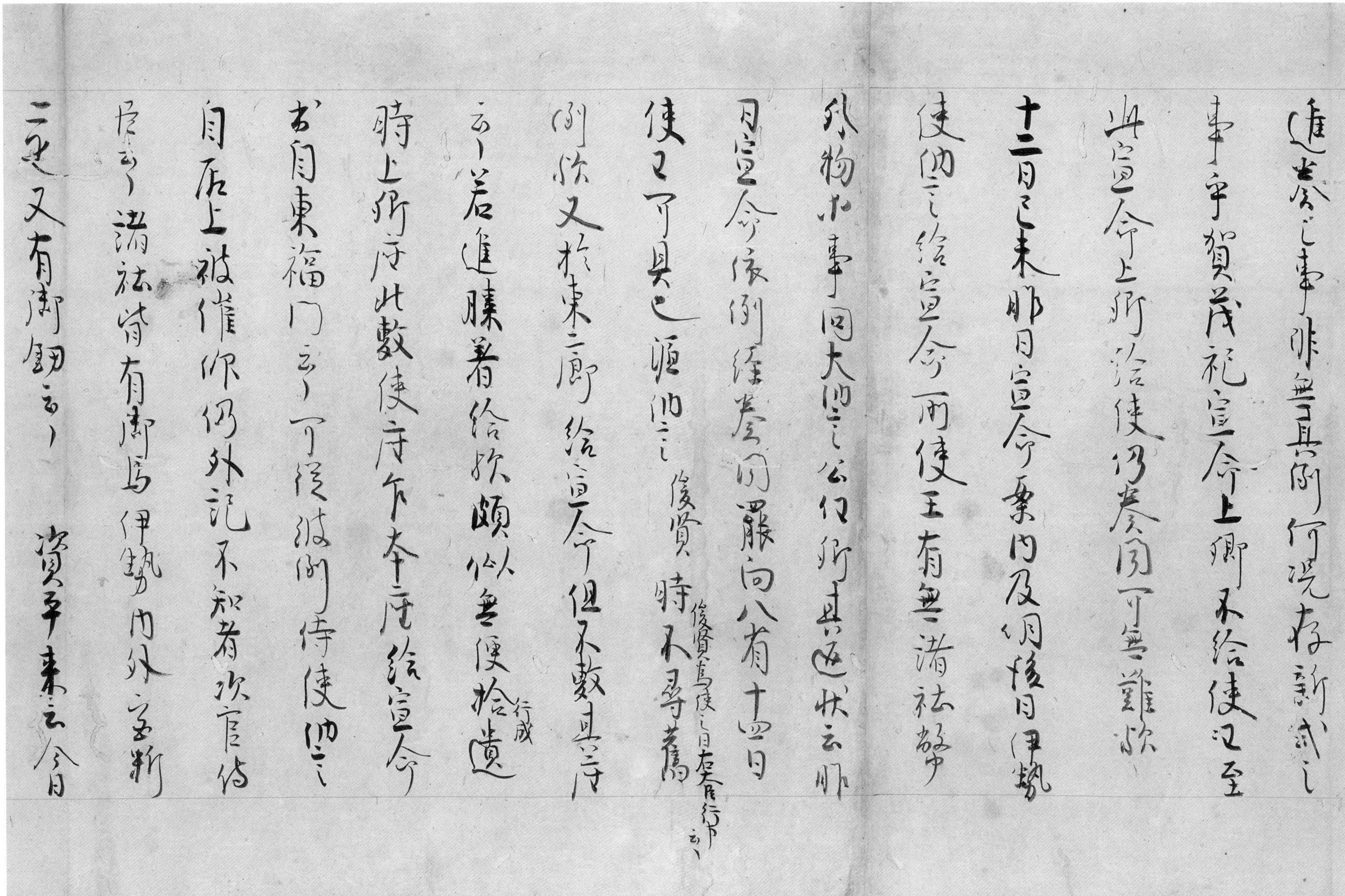
進參之事非無其例、何況存新式之
事乎、賀茂祝宣命上卿不給使、又至
此宣命上卿給使、仍奏聞、可無難歟、
十二日、乙未、卯日宣命奏内、及明後日伊勢
使仍之給宣命、而使王有無、諸社幣
外物等事、問大納言公任、卿其返状云、即
日宣命依例経奏聞、罷向、八省十四日
使又可具也、須仰之、後賢 時不尋舊　後賢直使之日、左大臣行下云々
例歟、又於東廊給宣命、但不數其事
云々、若進膝着給歟、頗似無便、拾遺行成
時上卿於此數使等不見給宣命
於東福門云々、可從彼例、侍使仰之
自居上被催仰、仍外記不知着次官位
宣云々、諸社皆有御馬、伊勢内外宮料
二疋、又有御劔云々、　資平來云、今日

二之又有御劔云々　資平来云今日
左相国先是章信朝臣借行騰平緒
半靴其時靴履脛巾短也有靴践以
無靴帯當半靴歟　一日大納言示送
（卜串大臣於里亭不可開事）
云卜串於家披見之例見九条殿記也
天慶例也為之如何余報云大臣於里第開
見之次人於陣見之例也雖有希有之
例不可依彼皆敬神勤公之心今朝問
遣案内云十日参内開見者今愚案耳
那月中臣忌部未退出次第事致問送
之治奉儀式文　那月有相違事歟
十三日庚申資平両度来金吾同車出河
原解除依明日伊勢事
（依御目祈被奉幣五社事）
十四日奉幣今日依御目祈被立使於諸社人々
（以中納言為使）
中納言為使大納言公任行事
伊勢中納言懐平已相命依例以俊賢為使時其意云々　右大臣行事云々

伊勢中納言懐平（已相伺依有例奴／俊賢為使暗也直異云々）右大臣行事云々
八幡中納言経房　賀茂中納言行成　松尾頼宗
大原野中納言教通　次官所用殿上五位
御幣外各々被奉右右馬寮御馬
伊勢一疋宮　八幡一疋　賀茂一疋　松尾一疋
平野一疋　大原野一疋　伊勢内宮御判御釼一腰
或云賀茂使行成卿俄申故障云々　今日事
内行事大納言可聞也
頭中将資平相従右金吾将軍向伊勢権
随身府生一人番長一人府生依左相府命
所随身近衛四人尋常随身也皆騎馬又
権随身等給馬令騎也少舎人一人依左府
命随身也左馬寮御馬一疋奏事由寮騎
用随身瀧口一人同奏事由給但往還上日右
相将府被借馬不可中所借給也上借給行騰
平胡䩭半靴（々々是靴脛中短也／有靴縫化也靴帯）至白半靴不可送奉

[illegible]
平胡籙半靴〻〻是靴脛少短也、至有靴猶似半靴也、然半靴不可返奉
者、一所何謂也、右金吾奏事由於左寮御馬
為騎料、又左相府被借馬、皆可返献云〻、
申刻許資平着布衣来、觸穢、令向金吾御
許之由、使〻参入、八省従去夜降雨不止、臨申
刻日輪忽明、〻〻推其程、使〻発遣程歟、似有
感應、従今夜以下人一兩令宿直中将宅、従
伊勢帰来間也、
十五日壬戌、昨日奏内申達大納言返状云、皆
使進発間雨脚已晴、剋限到間拾遺申
故障、仍以源納言俊賢改賀茂以拡尾権納言令
兼平野先例不依姓、依藤次者也、卒如何被
定、今内宮被加御釼御馬、各在内外宮、此外
五社御書御馬、蔵人来、八省行事忌部後
取退出次第、令同中臣申前例由、然而事
依無所據仰其由、〻〻改ノ使庭設西面、然与依
天慶例、示之、南面令着、下官座給宣命事、

天慶例尓之南面令着下布座給宣命事
有使云々
十六日、癸亥、早朝呼蔵人懐信問伊勢使後御目
安否、内云、去七月以後不着御晝御膳、同六月
時々着御、此三个月已不供御膳、只朝夕
御膳如例供之、即着御、又如例若御禱験歟
云々、参内、陣頭無人、仍参上殿上、先是左大
辨道方候殿上、良久清談、以同侍朝夕御膳
同蔵人懐信云、被仰御心地不宜由、不着御、已
（外記為佐事）
今日召使持来云、方昨巳時外記物佐為
入廳、内大臣以下中納言已上座、或澌蔵侍　咋
子笛或卧前机上、占含王戌時加巳　佐日時　勝光
臨申為用将天台中大黒膳地終切書云々、邂逅
无首接量送女
推之、佐所已永年人有病事歟、期今日
以後卅五日内及明年五六七月節中也、已
云々、計頭安信吉平
（官奏事）
十七日、甲子、立冬、十月節　傳聞、今日左相府被候官奏、先日相
府命云、依御目事、数月無官奏、国々司等愁

官奏事
府命云依御目事数月無官奏国々司等愁
吟無極相計宜隙可候奏也　假令雖不細
覧有何事乎者所推量者一昨着御御膳
若宜御坐間隙歟仍有官奏歟
付簡充日被削簡者等也

被免除籍人事
十八日乙巳　昨日木工頭周頼右衛門尉頼範被還
十九日丙寅　東宮属中云　明日行啓可進馬者
以知信朝臣訪右衛門督内房金吾被参伊勢
大神宮之間訪其動静而已
伊勢使今日参宮日歟天無雲太朗明大神感
應已以掲焉自進發刻々有雨氣

還宮行幸事
廣隆清水寺感神院等　未刻行参内陣座
廿日丁卯　今日還宮行幸也　依可扈従終諷誦
有饗卿相未参仍参上殿上同有饗饌大々
参入次右大臣顕光内大臣公季已下参入秉燭後蔵人

本宮勧賞事
右少弁資業叙位簿二枚下右大臣是中宮
司女官左大臣男女子三人家司等也男一人女一人

叙位簿以蔵人下給事
左大臣手跡也於御前書之以蔵人資業下

叙位簡以蔵人下給事

左大臣手跡也、於御前書之、以蔵人資業下
給也、未知事也、叙位上卿候御前奉仰書出
以蔵人傳給、叙位簿希有事也、若労御目
之間自有非例事歟、右大臣召大内記義忠
朝臣於殿上口下給、慶賀人々令奏慶、諸卿
不着陣饗、右大臣仰左大弁云、上達部不着
陣饗、侍従饗同設陣頭、侍従早可着者
右大臣應召参御前（以内侍内侍、蔵人頭無御所之）左大臣献笛筥

左府献物事

横笛高麗笛、大納言斉信・公任、中納言俊賢
執之、次献御馬八疋（以諸衛佐将監執、所司名寮人）引廻御前、中宮
給左右馬寮、大臣仰之（也下之後、之仰也）殿上与一両盃後
給大褂、大臣加物、先是献御膳物、従臺盤所
方献之云々、男女官給禄云々（侍従諸衛、女官等取）件禄左
大臣所設也、行幸時戌二點、諸卿向陣頭、右大
臣已下進列、余欲進立御輿、未持立、仍仰之、此時
持立、即渡階前立御階坤方（依近階下、給階前了）左大臣
及進留（近）上達了、従御輿奉扶至御帳、御進退

及進弓上達了候御邊奉扶至尊御進退
依御不調狀良久陶司不出数度催作之後
就復勅答復退出次少納言奏勅答了寄
御輿左大臣遥亦下官云令晴大者仍作執
燎者其後御々輿鳳輿依御乃宮狀左大將内大臣先警
蹕次余相應近仗次應乘輿出御自東門中門外
東門内左大將召大舎人二聲大舎人稱唯[illegible]推擧蓋於左衛門府西邊奏樂經上東門大路
大宮大路入陽明達春宣陽日華等門黄牛
二頭引立達春門外左右馬史生牽之依
吉平朝臣申吉平立邊前々或中墜引立[illegible]
陰陽師心狀御輿先留達春門外神祇官
獻御麻次吉平朝臣立牛前壇上披書讀之
漸步入牛相從次御輿二牛吉平立紫宸
殿南階左右吉平朝臣披書又讀諸卿云前
々不見之事也云々二牛各方牽退左長樂門右永安門寄
御輿少納言奏勅答次諸卿名謁左近將曹不聞之司造宮
行事參議公信列諸卿須之諸卿後狀參内

行事参議公信列諸卿須之諸卿後欲参内
依大納言斉信相示驚而退出参新宮令立
有此例之作法云々是太皇大后宮大夫公任
卿所密談也行事个二人（左衛門督 教通 宰相中将 兼隆）依衛府尾
従行華蓋有前跡事也諸卿先参上殿上有
饗食暫候余先於左仗邊脱弓箭左大臣已下
相引着宜陽殿饗食一献左中弁経通執左右
両盃相續酌不執内大臣續酌余亦可執之
由大納言公任卿同示仍従行酒事更返執可
謂違例大臣連座時執續酌常事也侍従
不参是為奇一献後左大臣起座移着左仗
諸卿次第同着左大臣以蔵人右少弁資業
令奏吉事即宣旨下次左大臣右大臣内大臣
及諸卿出従敷政門参東宮（東宮同殿御大内 凝華舎）（左大臣上御門第）御膳物
懸盤近習卿相執之御贈物近書御手跡
答笙中納言行成参議道方執之先是大夫
斉信進御前云々是依左大臣相示也殿上
有卿食給諸卿祿（大褂）次寄御事（手也）吉平

有卿食給諸卿禄大褂次寄御車手毛吉平
奉仕反閇宮司外諸卿徘徊中門邊先出
騎馬出自西門経上東門大道入自陽明門
右大臣内大臣従別道乗車参入右大臣已下
陽明内従御車後御車暫留門内左大臣
下従御車虎与諸卿相共歩御車後左
大臣以廣業朝臣亦遣御手輦車宣旨事
於蔵人許御車到温平門良久蔵人不見
時移推刻限移蔵人右衛門尉季範着麹塵小舎人
二人令楯脂燭来陣頭出陣南向立吉上二
聲吉上称唯作云御子宮参給御手車令
入吉上称唯太子移給輦車女房同移乗
右是相府北方奴御輦寄凝華舎東面垣
戸北戸東面次諸卿着殿上饗一盃後就食各々
前々畳紙不打攤即参上雲上左大臣已下假
造宮所行禄大褂件事先例也已一刻退出
此間雨脚降及寅剋雨止今日扈従之卿

此間雨脚降及寅剋雨止今日扈従之卿
相左大臣内大臣大納言道綱余斉信頼通
公任中納言俊賢行成教通頼宗経房参議
兼隆道方通任三位中将能信参議頼定
公信朝経
左大臣右大臣乗車被候中納言経房御竃
神勅文（使）給勅授参議可（公丸）仍兼候新宮依造
宮行事今二人行事以衛府扈従行幸
卿相着宜陽殿并使（仗）座〻大納言斉信中納言
経房称衰日不参殿上不着宜陽殿左使（仗）
座又不参青宮退出云〻
廿三日庚午故式部卿此方今日於醍醐可[illegible]（被）出家
由云〻仍驚以書状取案内有被報書以維
殿書傳衛門奉絹十疋事已倉卒物太都
洒不知謗難表微志也兼師光朝臣訪金吾
将軍室家曰金吾未被帰之間可
参門諸卿不参〻上殿上蔵人季範云御目

參内、諸卿不參、上殿、上藏人季範云、御目
今宜御、有可令着御膳之仰、猶暫候、
退出、參皇太后宮之途、左衛門督相逢、教通
下人云、皇太后宮有穢、不可參入者、猶
參、乍立罷出、宮司同告穢由、五位有具
晩景、頭中將資平來云、子刻許離甲賀驛、
卯時着勢多驛、未刻許入京、往還之間無
風雨難、參宮之事如意、開寶殿無停滯、
神人等云、寶殿快開、感應掲焉、抑有御藥
平御坐、可有事歟者、被參宮司爲公
朝臣、進絹卅疋於金吾、資平廿疋、兩國司
進牛、資平同志、又宮主輔親及神人、宮
掌頭正度等同志牛於金吾并資平、兩
伊勢使復命事
國司大神宮司・掌頭等、金吾隨身資平
与祿、多事不記、參内爲奏返事云々、點昏牛（參内及左府返獻御馬及雜物、在金吾將軍）
帥隆家獻物於所々事
一頭、從金吾御許被志送之、
廿四日、辛未、左衛門尉爲親云、師昨獻公家之物

帥隆家卿献物於所々事

廿四日辛未、左衛門尉為親云、師昨献公家之物、
例進擬分絹七百餘疋外、唐皮々籠一荷、蘘
芳臺同枋螺鈿付皮籠、有懸子、其上居小皮
籠八合、以唐錦推苫上呂（皮跡 呂）口内納種々香、丁子
百餘兩、麝香十臍、甘松、衣香、甲香、沈香、合
二種、若欝金、薫陸歟、（為親云、不覚者）懸子下納種々
唐錦綾等、從左相府被傳献、又奉左相府
之物、絹千疋、檳榔五褁、色革十枚、中宮、師宮、
一品宮又奉種々物者、

廿七日甲戌、資平云、新源納言（経房）云、左相府云、来月
中旬可向宇治、其道可過小野宮西門前者、
今見氣色、似可被相伴於下官云々、經宿之
道途不可堪之由也、心中為思不可出外、
何為々々、式部卿宮可被坐云々、

御目無減氣、仍有御卜事

廿八日乙亥、頭中将云、主上御目未御減氣、去平
朝臣占申云、依舊御願未奉果给、巽方大神
祟歟、仍差宰相可被奉春日者、又云、左相府

祟歟、仍差掌相可被奉春日者、又云、右相府
云、造宮叙位不可出御南殿、只懸御簾可被
行、如在儀歟、須先擇吉日御南殿、然為如今
不可臨御、又宜官除目於御前可難被行
京官除目於議所可行事　京
若諸卿議所ゝ可議歟、又云、從来月三日於
仁壽殿以座主慶圓可被行御修法、未被
行吉事之前先被行佛事、是縁聖躬不
豫歟
（彼）被聞例不斷御讀経、去廿六日被移行清涼
殿御念誦間云々
卅日丁巳、（為僧）ム人師光朝臣語、尹中納言依物忌
於門外云、是（畳）光國々云、所悩太重、不可被
存歟
秋季十斎大般若讀経結願

秋季十斎大般若讀経結願

裏書（172頁）

(39)

甲巻十五

長和四年冬

小右記
長和四年
十五
冬

小右記
長和四年
十五
冬

甲巻十五　表紙見返

長和四年冬

十月

一日戊寅、頭中将資平云、昨日左相府道―及大納言云〻、

昨日於皇太后宮有九月盡和歌事

斉信公任他卿和歌、留太后宮有九月盡和哥、又云

〻上依目無云〻、亦可依仰、可悲也

二日己卯、資平云、上〻密〻被仰云、目又大

頗責催譲位事、太亭辛也、又云、両時管誰卉

奉立東宮、依不可堪其器、故像三宮是又東宮

之於吾為百宮如此之右思慮何為、今譲位

以神祇大副守安於大神宮七箇日被令祈御目事

華都思留了、依目於暦作神祇大副為挙

七箇日於伊勢大神宮可奉仕、所謂〻〻令可

作者承之捕観其伴之被早、可為〻〻仕徒

祇官依祈方之捕説謀者可蒙思食可被右上

奴不可出伴物於神祇官可〻奉数日〻依祷

之従明後日於禁中可被行二壇法、所謂法是五

大尊家初二壇不動法山座主之文圓降三世法

権僧正明救、春日依祈使参議朝経右大弁将奉

権僧正明救、春日法祈使参議朝経右大弁、修奉
而為明日可依大納言公任為被祓、行事行事也
舊法願恭之也、依右中弁之使也、行事未遂
給、是依法因縁、其也、仍為被行也、又被仰云
大納言任中納言之後、恩召多不善事、依左大
臣令責申云々、此事不安、仍許申、辞明後年
及子孫不宜、歎申者、故登宝位而天下有危
者、位哉、要心一時不伏者、不可外漏、如見今後
事可記耳、今朝中納言俄見病太危急、今日止
辞位止事之状、差内蔵允光国遣之云々
三日、庚辰、仍近江国朝臣来、依維摩会被定
今日大僧正定圓横任近明救於紫宸殿法性
法不動降、今右云々
参議通任、婿子代女御事、故道兼公女
上夜参議通任婿子代如法、右大臣道兼女
四日、辛巳、維摩会析挑顧遣之
小児参、泉丘日落葉如雨不異深山、右衛門督懐平
被過来、過下之、清談移刻、被退之、頃小児帰
早旦、資平来云、昨日七将被定、定遣宣叙位日

早旦資平来云、昨日左府被定造宮叙位日

前例先公依南殿相續有叙位儀式七月依有

之上玉體不予、以彼日點出廣可被行云々

五日、壬午、以府并馬寮家夫等令掃除東池裏

池底汀　昨日中納言時光卿薨、六十八

中納言時光卿薨事　四日

参内、大納言公任相共参入、就外記北相逢中納言

俊賢卿陣於無人、公信卿相伴参上殿上、頭中納

言経房卿参入、経房云、明日左相府作文興停止

依中納言薨、以右大弁朝経依申暇、不可承勅由、

左相府可被献之由、被命云々、是経房卿所談、資平

談此由、余前刻退出

公信経房両卿告云、三府命云、右大将欲賜造宮

除目進處、道遠充者不可堪、此使仙如桂之

處可随命、為今風聞、披諸道習卿相面已、資平

云、十四日可被行造宮叙位、而彼十四日月蝕、仍以

廿一日為

六日、癸未、午剋、居礎、庭母屋戸柱二本石、仍十二呪

同車皆出北門外即帰

時宮権大井有道選事　六日

(3)

帥宮於大井有逍遙事　六日

同車詣丞相門外即帰

七日、甲申、資平云、昨日帥宮於大井逍遙、大納言頼通・中納言俊賢・行成・教通・頼宗・経房・参議道(?)方・三位中将能信・参議頼定・及殿上人不足追従(?)、資平侍(?)同者(?)、資平語云、行(?)成言(?)兼(?)隆(?)不可任納言之由有仰(?)々々(?)、与左相府雖存件事有理、深被思云、但(?)中将事(?)、相府云、件事尤有理、但皆(?)殿前下諸国者太以不便之由(?)也

八日、乙酉、今日左相府読経始云々、依物忌不参候之由示遣中宮権大夫経房卿

十日、丁亥、早朝資平来云、加階事、昨日以称(新)源中納言言達左相府、了(?)気色甚(?)、頗(?)宜(?)去(?)伝(?)頭重経中加階、仍所申也、二三代為蔵人加之者無指事叙正(?)位下、件例数自天(?)暦(?)後、清(?)守(?)多有此例、今以不(?)例、重経所申、仍資平同所申也、審(?)々云々、主上被仰云、重経於加階者、同可賜資平者

十一日、戊子、早朝資平来云、昨日主(?)上被仰云、右(?)大臣云、内大臣辞大将、以子左兵衛督実成可任中納言事内々有懇(?)切(?)請(?)給者、以権大納言頼通可被任大将

内々有懇切被仰者、以権大納言頼通可被任大将
以右中将能信可被任春宮権大夫、然参者見者許
気、仰此事示可々出口外者、々見之者可驚方
事想帰於一家、向後事弥千倍、以四眼常偈
仏説如虚
十二日、乙巳、今日左大将被向宇治、志夜、資平不遂下
騎々馬事早且云々、雖事甚難云々、廿二日可被行
金泥般若不断法読経、若日春日使定、祠定
十四日而依月蝕没定加階事、昨日申右相府了
已有可許之上、法日昨日畫頗延、法若又例
不覚宇治事志多俄滅之、仍云々、今参入者周廻思
案、今日道達不快甚多、前執柄人出浴隣宿之興
可権云思々日以、今日道定、日前帰忌日七々外記
物忌打府法年、雖不尚時倚子、畳如為被吹
落、又前机作之、一挺十日七面日、維摩会、此日長
者不可有奏、待之興以、或云、今日四ニ帰給云々
資平騎馬寮法馬返送厩馬
前大弐使等示候、騎乗遣宇相所賞事、以資平
可令奏達事也

可令奏達事也
十三日、庚寅、早朝資平来云、昨日左相府被仕
宇治、従舟被帰、右府云々、競馳立大将而地志云々、太
口惜也、被命右大臣無便、執道公任中納言俊
賢・行成・教通・参議公信不追従、右府云々、昨日
帥大貳親信所不送事、傳令資平了、
十四日、辛卯、太白去年動今日云々、違犯戸柱而大将
軍遊行方不避、以之忌也、而不従不陳左右、次勤廿三日
卅日午日、且付使従之、期勤日忌歟、資平侍左相府
法性寺息云、雅而有可令飲水傳其事、仰桂餐事
至今五法障之日、下大将宣云、被仰下其日者是
法興院也、今中返事内々令云、宇治興隆宿事
上臈識可令便宜、　廿五日皇太后宮及賀茂詣
五十華云被従者大般若之僧前上達部云奉仕之由
経営大納言法評有忠下野守両家内於彼宮大
夫俊賢卿談云、僧前事可中大納言已下・四位
行事進了者、已有此告可奉仕也
月蝕不正見事
月蝕不正見、以心察、終刻出見、天陰不見月輪、但

月蝕不正見事

月蝕不正見、以卯四虧初刻、出見天陰不見月輪、但
虧終許天晴、蝕以外与雲膚不見、復刻以後
不能伺見而已、
十五日壬辰、黄昏資平来云、去夜月蝕正
見云、若臨卯刻正見、或侍相府、命云、清談公開白
之時、於職被仰除目之次、於直日記云、官遣者之上
依怖急不可令行給、相府執宿所可被召者宣
旨之、左金吾之上、以彼二字可令称大納言敕道之
由被仰、左相府但有書二行、相府申云、正有所事不
可申、右大臣法悪間深催参給宣旨、思給可申
召備有法好、可悲之之、事淳搆之之、其下殊行
為云方、構身卯、桂事相府被興民、被召依權道
之之、卯相響甚之之、
十六日癸巳、前鶴殿、去秋元二年、年職、法書司除目後日
記抄写為家之事、早立、以資平奉左相府、
中宮属女来云、十八日法讀経始可為入名、
参內、右衛門督相遇左衛門陣東壁、清談出入
傅又資平同輔卿云、昨日法日除目暗給之人
細覚、法中有作事、右金吾同談此由、参皇太

細覚、法性寺仏事、右金吾同被出、皇太
后宮若東戸前以女房被修仏事、臨昏退出、
十七日、甲午、山座主為阿闍梨頼寿被不遂之、今日
法性寺了依受戒事登山、仍不能相逢、右傳聞、
左右府及属文卿相会皇太后宮作文云々、
主上不豫之間、極遊宴也、
十九日、丙申、右相府被示饗相云、法性寺経営必有所々　問
申、而俄出五節、何無被相府許、年首日参内宣可逢也、
令献五節之所有被相府許、与同此事、難而何為受、
彼法師之人、無可存酬報之心、以被被露事、太不便也、
廿日、丁酉、明日造宮叙位儀式未事、昨日資平来
申、指示了、又大納言公任消息云、叙人卿相在外
卿列、以参云、叙列在別如七日儀、又其標在外卿
列東見色上、所記、
廿一日、戊戌、二明物忌、只開東門、右使云、今日可同会旬者、
返解云、今日被行造宮叙位云々、而中被行旬事
之由如何、右使云、所中仍参、依物忌不参之障、（執柄物忌也）
黄昏資平来、遂了、正二位右衛門督、（左中弁経通造、宣旨事、擬其加階）全
日勝中儀、仍着座聴、佩臺朝禄、而加階人着縫

[問弁造宮叙位事]

日脚中儀仍着陣聴佩臺胡禄而加階人着陣
聴慶臺胡禄例叙人例頗無便以此缺聴并
胡禄之雑事是是建葉但有加階者先申相
府並猶得意々卿相可進止而相合也而臨
暗従内取送鞍聴并胡禄者云々今思宰奴
資平自内示送云今日南殿可然渡御装束使
奉親朝臣云今日儀同立后但大臣儀仍南廂可
然渡御座者此事如何先例云々今日儀可准前例
然渡御座儀非可随大臣府厳分整之又示送
中弁経通奉今然渡御座於母屋了者是前例
也之上依渡御日甚不宜渡御
廿二日己亥鶏鳴資平来云昨日大納言俊
賢前儀定造宮叙位但依理大夫通任木工頭周
頼及遠朝国々司等不加階又行事无議云依
不勤行勢使不給加階右衛門督教通二位
造宮行事　実経叙従四位上　文中四位行成　此外蔵人頭二人　左中弁経通　頼隆頭弁
重経　資平叙正四位下臨時朝恩以受領加階又右大臣
遺今年正月被止給寿仍給之云々叙位職事法
盧右大臣須奏法盧不参不審依此議兼法

座前大般若須巻、法座前法華不断、依時儀金法
座云々、南殿懸法座、如節会、初装束使奉親
朝臣行事、人懸廂、後左中弁経通又懸、大内宣命
信為内辨、退下之後、未復本座之間、掃部寮取几
子、又人立履座云々、　資平着靴履平敷
敷、給位記、又資平云、上被仰云、日次不見、又
不動更不可堪、改之作如議、任事不可過正月、此
事々語次可仰云、欲問人所陳、人中云、左右作参可
在殿廬、仍給可思食定事也
午剋行資平来、彼講礼之晩、不新故、今日吉日、示
可奏下去年之由、又中参来云々
廿三日、庚子、午朝参左相府、枇杷殿中宮三所御修法、
良久清談退帰
寝殿宮読経、柱午剋立
金剛般若不断御読経始
奉仰今日金剛般若不断御読経、始御所之右河事蔵
人不知有宣、以御使座之間、次平下宣旨、大原野祭仰帰参
還宮後来給、宣旨仍下給云事、下給橋左中弁、金平令奏上、殿上右衛
内豎札射場人奏、大加階奏、午剋打鐘、宣時剋申
剋許、以筆午時極大寄事也、黄昏法読経結願
奇
蔵人式部丞経親仰旨趣、札法導師日欲僧綱延

蔵人左少将経親仰旨趣於法尊師、日歎僧綱遅
来、仍臨黄昏来、随喜退出、参入、卿相中納言教
宰相兼隆・実成・道方、右衛門督不候、御前儀如常也
之間左府云、明日法興院忌日移、御〻讀経訖絶了
御斎食、仍不可有法興寺参云、無　御出、僧斎食云々
卿不可候、法前以相府、諸不可催上達部之由
仰蔵人云々
廿四日、辛巳、使孔補朝臣弔故中納言遺孤
今日　法興院忌日、参入之由、内豎来告、申障不参、上
達部参候、法前之由、昨日大略定了、而有召并
廿五日、壬午、早朝資平来云、昨法興院忌之法華僧共
被候、上達部不候、昨日内豎召卿相来、有此定
前行事蔵人所右卿也、又云、右将軍辞退、権大納言可
任右大将、其替可任、中納言兼大蔵卿通任、云似宗左府
日左府一面参也、三位中将能信云、更不可任、宰相右兵衛
恩納言侍従、歎欲、今日之由皇太后宮亮之由、以資
平之遣荷左相府、依有思、今日傳前調備奉皇太后宮
高坏十二本加打敷大破子五荷米三十石
資平云、昨日春宮大夫令奏云々
依被停加階、若不可出仕欤、可候気色者、因奏聞
仰云、不可仰者、依気色不宜、左大臣自有示、仰云

作之不可作之者　依気色不宜　左大臣白有下作者
更不可云仕事等之許被作者
（朱）左大臣五十賀事　上東門宮
今日皇太后於土御門宮賀我五十算　佛奉造
壽命経大般若一部　壽命経五十巻　十僧并百口
僧威儀師二人行事　仕十僧給法服　右大臣内大臣右衛
門督斉信　公任　中納言俊賢　行成　懐々（朱）平　教通
頼宗経房兼隆　是隆室成通　従三位左中将隆信右
兵衛督寄定　参列次第着座　東対　儀作
寝殿　如例舎利仏具新調　懸花縵代鳳凰
花縵代厳上人調進之　庭中標舞臺其北屋
南階件舞楽衆（朱）衆　梵音錫杖衆等立所　料着
机立舞臺上　誦経物立標（朱）標　東邊　請僧集会馬場
殿打鐘之後　菩子僧先来　置香鐘菩鏧座立
標　従池東西諸僧等入着座之　童子座立
庭中　佐各方二人立位　人僧不着座之前　右大将
以下起殿着座　着座前座作法之　大行道　廻池
邊　師大僧都定澄　儀有所煩　辭退　補大僧都
堂命十僧一人闕　補僧都文業　百僧内多有僧
綱之　僧綱八人　大僧都慶命　少僧都文業　扶公　律師
尋圓　尋光　念　法橋済信　凡僧二人　定基　心清
蔵人以資平先進　左大臣許申給度者之　次就

蔵人頭資平先進左大臣許申給度者也此次就
高座下作導師并令　錫杖後作之云々　給禄積於
道前之、次東對坤庭再拜　内侍補從勤仕
中宮東宮、左使寄御諷誦　此間着座　南階箐子敷円座
事了除左兵之外執禄被僧、左右相分上達部座在
南階東西箐子敷上人地下人同執禄了、僧侶退
下、樂頌中間東儀機僧座敷上達部座　母屋北上北面
左大臣已下着此座、左衛重有盃酒、右大臣借
御膳於太后、大宮宣令仰執打數進母屋、此屋下
上達部取膳々餅、不能具記、風流殊甚、件相膳
自西方座此座供之、所相雲上人等鉄竹數唱歌
及酔、卿有相等興、左相府迫佛座作花之摘取
内府大納言道下傳取同摘、府依相國命語所粗
大納言公任執盃出令、其後左大臣設所相雲上人等
禄有差、別立明之殿寮官人左大臣随身大夫相
随身各随身近衛之云々、宣旨給以前左大將道方諸
卿臨東對南面馬一疋志内大臣右相同亦大納言道
綱之般(?)衣脱等給　右將軍　次内大臣脱等衣給大夫随
身右府之忠(?)、次左相同脱下右衣一襲給、余随身
番長保(?)忠、等退出、更給衣袴等、左大臣直廬設

番長保京等退出、未給禄、右大臣直廬設
寝殿与東對渡殿、以尺法屏風六帖、其前習
上達部讀手讀人座、他雜具如常、辭不承例被
停止了者、
廿六日、癸卯、去夜禄物保京之忘、以資平令申右大臣、主上御出宮同着攝政御事
之遣資頼給官苻、内舍人等未、依返事云、資
頼承事之、随便寄内舍人等早可出申文者、故殿
関白時、准攝政太政大臣見官奏事、又々可聞奏内者、
大略申了、處分資平来云、准攝政之宣旨明日
可被下也、大納言云、任佐吉日可下之也、被令此卿
明日可行春日使宣命事、使宰相通任、可早奏之、准攝
政例見官奏事、可行除目事、可行一上事々、明日
可被仰也、是右府詞也、又有被仰之頼
歟之云遠歟、今日之上被仰云、我可避位之事急不
思也、仍議驚於左大臣、若所有非常天譴歟、是
能可思得述乃不祥歟、如我息災也者、春宮大
夫為信云、春宮之上南時後代之無極恥辱者、侍從中
納言行成云、春宮御代之為擁縁尺而儀有新事、不
可被過之年歟、甚愚也、又左衛門督教通云、右府宮
云大將事、明日云、今下宮云、左右者付使中納言云々、

云大将事明日云令下宣旨云々者付権中納言云々
摂政御言頼通有可任左将軍之氣色也、雖有被
命可申事、遷任之由又入道左相府意、全移左者資
平遷右、然而至如本者、亦同又資平可立便之事也
異任事可任左遷者也
昔日早参令旨、宰相除目間之旨、然而先來刻許参内
依處并宮、従卿左大府直廬〈飛香舎〉仰云々去奏
内辞退云々、昨日左衛門督教通・諸資平云、明日相
逢右大将云々了、左府被命者、大金吾右大府
直廬召事、参云、昨日摂大納言所傳語、去十日〈金〉吾傳
右府命云、無令相〈遂〉遂者民、奉相命云、左将軍一
昨語云、辞将軍事、今日被奏入、然而〈聞〉一定移左之
事如何、道理云、我如何者、命云、七日、左云、直任命云、移
任左理、任資平遷右、又任事甚間多、又事見
氣色也、以摂大納言、似可任左中〈左右〉同至公子不欲
移任命云、不下宣旨、同様事也、今日有所被申、然
随其事、因又々云者、示大納言道経之、下向左仗、
同内大臣被参、着陣、右府以右中将資平被申、
府云、今日可行除目、有可被不参陣、仍外内府参
云、可参其方、然者諸卿云先被令候、是可被申歟

云可奏其旨以忠輔卿云先被云令候是云被申返
事以更不可候申返事又云被奏入也此時資業持
出中納言俊賢云右府依消息云今申云仕也有不
得云因此消息内大臣列諸卿参入左府立座諸
卿於陣座云先召外記云被仰其書事由以資業
遣奏入也先是左府出居御右分着座西上対座敷高坏
端畳立居内大臣南面右大臣北面次因座次座弁官召取硯筥事是執筆人
圓座座定右大弁道方執筆右大臣右大弁承召筥
座出卿給文子召蔵人取資平令取出先是之右大
府前机中文云除目儀如法右大臣右宰相出但
人々日者仰宮々給事伊予一万前帥中納言俊賢説也右大臣示
令勘文須切遣事令左大弁申仰即召文書先定下野
事守忠去春不定了仍今日定之遣次和泉経頼
安國之遣次出雲忠道公卿給以了不定了出雲
事先是着内蔵寮饗高坏成綱所領所退出左
右府云明日諸卿可早参者参入公卿内大臣大納言
道綱斉信頼通公任中納言俊賢行成懐平教通
頼宗経房兼隆実成道方朝経公信
今朝官奏除目雑事准摂政儀並今左大臣行之

公卿給弁官下外記令勘事、故厳安知二年前記云、院宮御給以宰相不見傳、仰之定只将皆以人被行欤、如弁之人欤如何

左大臣准摂政儀宣旨下事
除目雑事

（左大臣准摂政儀宣旨有事+除目雑事）
今朝官奏除目雑事准摂政儀、並令左大臣行之
由、被下宣旨、大納言公任奉下之、官奏事依大臣
毎除目雑事之作、大外記文義大納言不読也、余同之
若等依同事也、而ゝ事不然者
正二位行権大納言兼太皇太后宮大夫藤原朝臣公任宣
奉勅、除目并官奏事宜令左大臣准摂政儀行之者
長和四年十月廿七日　大外記小野朝臣文義奉
外記所宣旨、後日尋取写之
（春日臨時奉幣使発遣事+公卿）
今日春日使於左衛門陣被立、依有物忌中、依読経儀
今日祈所被立之、件事大納言公任行之、使参議通任
次官右衛門権佐輔任、殿上人
廿八日、己巳、早旦資平来、先遣之左府命之、右府同事
昨日中大将参入被示不可輔任之由、一定以又有所聞乎
右中弁左少弁不可遷任之趣有命之、此右之事
遣之早参、右中弁若有輔任、不可参之由、右少弁示合
資平、午剋行幸内、諸衛府宿廬資料給官
事、以資平令申、右府陣座、即召輔有任之人（刑）
部少輔如何、令申不可之由、余行諸卿着仗座
蔵人資業着膝突召諸卿、是左府所命之儀也
謂之在左臣諸卿参直廬着除目儀

謂々なたにさ民部卿参直盧着陣日儀
座弁官執筥来右府召左大弁（道方）称唯着円座陣
目六々々右府目下官々々召寄給申文（史）右衛門尉之
志申文撰座扣宣後奉冊加撥申文奉之（比）間
着内蔵寮依亚ヶ積之宣扣不定受領功課入
夜々後之申資頼事蛙云民部輔二人殿上人
長経定経申仍以彼ヶ補停之又以章信ヶ補任（可書任字然而非御前除目仍書補字見先五郎記）
随又々亦着之申云章信有所勘顕不停止給
他官如何又命云年々衣給議了新中納言経房
如傳来上着彼卿給人同成文書執筥退出御扣
子被召中納言実成着職親信左大将被大納言教通
之々養請餐事云同如何扣示説被ヶ行餐
禄之事作上卿之出令資平左大将有儲仍大
納言出任之下指餐所令退出此間雨不止従此之夜
降雨　公任卿云今日太下示破季須延叔大納言
達ヶ被議除目而独身任貴補任事太不便也
又大同先ヶ被奉丸而又ヽヽ奉請来志資頼被補
停止ヶ脚所悦思也
今日参入所扣大納言斉信頼通公任中納言俊賢
行成懐平（平）教通頼宗経房参議道方公信

行成懐〻（平）教通頼宗経房道方公信
卿相著陣、而向座、大納言斉信不向、依上臈中
納言経房参議公信依請事而異
資頼拝舞、露其出母行与使男延消太等云々
後聞、中務丞藤原信国死去者也、而今般除目補
大蔵丞、謂在異、仍以中務丞藤原孝蕃被改任
云々、被准摂政儀之度、家初除目有此事如何云々
故平中納言惟仲卿息、而忽被任其替如何、偏
依将軍事歟、不穏事也
（左大将饗事）（頼〻公）
廿九日丙午、今日法講読経、依煩不参入、資平来云、左（去）
夜左相府被参大将饗、次大将奏慶、又参宮令
下祭禄事（此事有参詣、不拝何云々）資平作中納言行成将子
到大将家、次将已下拝礼、依右相府命云々、更不
聞之事也云々、人々着座之後、次将有之、着座之命良
着座、次公卿着座、立明有、次将（将）禄（従下給之）起座後
有公卿禄（女装束）、此間右相府出居、宴亭有盃酒
事、大納言公任以上首、仍有引出物（馬一疋）贈物（御本）
献琵琶・和琴於相府、令官人等脱衣給之、卿相
同脱、除目書者所相迎参（参）云々、又云之上左右法
馬一疋、若左馬頭保昌、右大将頼通所引充随身人
新右大将勤盃酒、一献左兵衛督、二献源宰相（頼定）三献

新名大将勅盃酒一献、右兵衛督二献、源宰相頼定三献、
資平宰相先不同、就中宰相座之盃一献、

十一月

一日、丁未、中将維通従祭使所差、将書正方随従番
長上毛野利忠遣令同上、是無給装束、其後
利忠出来申、給装束勢而可辞、是無被同由
無、仍不着而随取装束、是無右大臣随身也、被随
身番長公時申云、随身所召是随従一人、是依新
陪従者、此事随宜作行之者、余答云、是無所召
不従也者、有ら中之事、先触将手云随依定一
右大臣随身也、右返其装束如何、須従依厳随
作之可宜也、又示遣云、急難中厳、又依相府也、利
忠召ら来云々、仍上家来随従、主税官利忠出仕
武之者、右田陪従、仍ら右

春日祭使立

春日使右中将朝任、従師仍宣旨、召門覚出之遣
摺袴、黄昏右中将出之後、従祭使所借送和
琴、立絃不送、

興福寺別当大僧都定澄逝去事

山階権別当僧都来云、別当大僧都定澄
死一生云々、

二日、戊申、昨夜興福寺別当大僧都定澄遷化、
年八十一、

年八十一

三日、己酉、資平云、昨日仰云、法性寺修法依法務之歳
慮之也、有仰者、當時吉月、以忌月仍之射場殿
前有射場始、而是不可出云々

下名事

又云、今日除中将之、俊賢云、除目下名可除日後
已及宣闈目、左相府大怒、其詞不肖人執宿所行歟
目之所致、俊賢為德人、遠忽被我尤理也云々
俊賢以成不知者為人也、無人非不可同入

四日、庚戌、前法性寺座主院源来、前南山座主周恵
僧都事不可切盛云々、等精妙者、若已
中将朝臣来、謝褶〔摺〕袴〔袴〕之、指之遣清

守隆朝臣被削殿上簡事

五日、辛亥、資平云、昨日守隆朝臣被削殿上簡、依
起請、左大臣以法皇宣旨下、初左大臣奉之、仰左少弁資業、而頭中将所命云々
化上云、仍仰中納言以成、左大臣宣旨仰、左大臣被奏右
馬允為右府佐而無所
衛門志日下部元仁検非違使乃被下宣旨
天下明春云々、貴被云々、其事被仰左大臣、説是
資平密談云々、資平云、仁八座下被仰右府之奏
云々、右随仰去外忌事有二枝、同年新宰相云
辭退云々、其時降天恩寂有任乳

六日、壬子、入夜資平来云、今日左府有作文、笑緒之
興之上、被仰云、我時讓位事、未有不豫事也

興之上被仰云、我時讓位事是有不豫事也、
故而今有餘行出々遁心頗不安、又仰云、所労弥倍、
既无術助縁可在大赦宣旨毎事止々、祈以御念及使殊
異例々、懇祈一切無感應、仍従昨不(奉)諸術、又
仰云、七年中無宮着(裳)裳等事、親王元服如親王着
裳等事無之有也、仰也、大内下名、
八日、甲寅、頭中将云、来月十四日無宮、依着裳廿日、
女二宮依着裳、宮依元服、今日去年朝覲中也、
後同件日々皆被遣
裏日例可被勘者
召使云、外記文勘云、明日行啓云々、
供奉若卷従昨有所労、不可扈従之由、七日右衛門
督懐(平)、宮大夫定奏云々、
九日、乙卯、出、奉宮依宮々入給内裏、甚也、食盃見参人、
送右衛門督(懐平)、依仰依被依請見令書有事儲云々、
依家貴以経但之被任之也、早上有清見経祭
十六云々、
右将軍以頼祐朝臣云送之、今日午刻之参陣甚依
件後従敷政門之参如、未着座間前跡也、大臣
承果事不入従敷政門前々左相府之如云已下如
着左仗々時無日敷政門、未入者更不然事也、大内
敷政門、未入而已、是事時不同也、是代是事也、
大内道

外記廳虹立事

大入道
興福寺権別当扶公云、別当事達左大将、已有可
補僧都林懐之命者、
十日、丙辰、内府経任来、訴是去夜叙四品之事也、
叙勤律師来云、僧綱多闕、有僧綱兼僧都事、
有便之時可推、唐右相国者、　晩頭新宰相[illegible]
来談、次三宰相上、状仕之状并同資平宰相事、
下知検非違使、資平先取案内、所付辞状者、
事案不見記、召呼資平示案細、只大伝左兵衛所
明旦依云気色者、
資平云、昨午剋左大将着陣、不着大将座、着次座、
事之案内、昨日示示也、今大臣云、不堪更者、着大将座
也者、将監　叙位宣旨者後除目者、能定之事也、
昨日示示之、初参（条）事、（同）道向左大将、不覚之由云々、
十一日、丁巳、資平云、今（月）朝参内、宰相中将有恩言過
一昨日云、作左大入云々、
参内、諸卿一人不参、暫候陣、座退出、宰相中将在
陽明門云、向参内、次陣大夫来、并依座[illegible]
晩景外記頼隆申云、昨外記庁虹立、去年左京
事子午年人云、慎病事、　文高云、子午辰戌年人
云、慎病事、疏云、後卅日内及明年五六月節中壬

之頃病尤悩、此日以後卅日間及明年五六月節中壬
並日吉也、可定之由、仰左使了者、

十四日、庚申、以中将来談雑事、次参東宮、次参中
宮々、次又賭弓事近江及明春、
去夜将監頼行参来云、依例外事罷向遠国、依新
吉羅上、明日ニ勤仕吉田祭使事云々、奏内ニ云、仰
官人召仰早朝召退、将曹正方仰事由、號（今日吉田祭）
十五日、辛酉、資平来云、今日於内府密語云、依譲位事、明
年十二月中宮参仰、仍中宮七月廿八日ニ被（参）叙之事云々、
俄宣旨召給、不可以開廿八日南極忌、不可被参、
之由参開、但皇后宮ニ依仕由申、右大将
ニ被令廿二宮之事、更不可知、雖不（有）仰事、不中之者、
大将妻母居同之、（水）漿不受、流涕悲泣云々、
去之上思意事也、所被仰之例、故皇后宮例云々、奇也、
極也、是上失辛不知念之事也、東部ニ立給太子
之此計云々、太不便也、

〻法行云〻、太不便之

十七日、辛酉、右山井三位四娘産、同今暁死去、児全存、

三大将子云〻、（頼宗）黄昏源宰相（頼定）来、談右将軍事云〻、

此事誠有定者、太可奇也、

（内裏焼亡事）

亥剋許、夜行随身元武申云、乾方見火者、仍登出

見、南内裏歟、馳参之間、典膳経国走来云、内裏

焼亡者、仍乗車馳参、〈従者不同時参入、乗馬馳参〉自待賢門参入、

騎馬馳入自待賢門之者、有無三条従待賢門歩行

尋参、〈参〉法在下之、同侍従中納言同道、見下官歩行、相

与馬、扶若参入、此間東北廊焼亡、西北風吹火、人〻

云、主上出御中院者、又云、法桂芳坊者、仍先参中院

雖人云、法桂芳坊者、仍参入、左大臣相俊守護

云、御先日有下云、南殿此時下思出者、先日遷宮之事、乗〈談事、卿有下申事〉

（渉御太政官事）

深有感歎気、火勢衛近、仍移法太政官〈称法府、号秘下〉

〈書司〉東宮出御縫殿寮、即遷給太政官朝所、

宮乗式部卿宮車、出給大夫斎〈同車、法出里〉、夜中又

〈皇后乗車瑛御逓所如何、大夫相俟之、件事盗月前聞〉渡給亮為任宅云〻、已夜内率中務卿親王

部卿〻〻被候、式部卿宮相俊母后、法共遷法太

政官之後、左大臣同太〻参入、其外卿相追〻参入、大夫

長云不全之、下法件要文太政官并桂把事等

桂把殿宜死、中宮已法件太政官、更又流理事

枇杷殿宮御中宮已依太政官史又理事
頗所相府云 依枇杷殿之事先日不快様有氣
色也云々 然者仝中云先被候奏者事定所
早被奏聞之後 枇杷殿為之移依之由事於内去
年朝臣中云 明後日及廿八日来日云仝中云 明後日宜
歟 若有近日之由 依更有造作煩 所相府諾
左大臣之下令申東宮 朝 借左大臣内大臣以下官
退出 後是刻 式部卿宮於東宮入夜之隱東門院
南遣之

大原野祭停止事

十八日甲子 今日大原野祭依止 若殿日之被行也
右大臣内大臣 不参 夜宮之也 資平借送野 錦付其使之
明日十九一定可奉奉東宮可向事 若内宮之若
有何宜達左相府之間宮之由也 上事 停不害事
夜参内 且資平自内退出之 左相府随身 晩理大
夫依向枇杷殿 明日可奉奉也 令参之可奉一定
者也 又不可中也 先是示達大納言許 然之尤可有議
仙遷部用此日 右中達 定事所 更云主被家
由了 中刻許之 太政官後殿上即相同後蔵人
頭資平傳云 大臣命云々 動中明日可奉時刻但
作右少弁資業令被陰陽寮 奉内之被召作所
六衛府 馬寮 兵庫寮 木工寮 図書 云々 作兵長

六衛府馬寮兵庫寮等警固事、云々、作去長
保二年不警固、固関使云々、依彼例、去々外記〻〻見規
參入作云々、大外記文義朝臣示〻由、召文義來、私
被定行幸日時事
傳下仰警固事、資業持來、明日行幸時〔戌二點〕
可奉渡賢所時、同時〔亥二點〕、奉渡後、借竈神時、同時、勘文
行幸時刻外立下、義内〻右府下給、仰令勘文
奉右相府、此間頭弁參入、着直衣、披假殿上、資業
奉勘文右府命云、奉移借竈神之時、行幸同
時事指合時刻違歟、子已同、去時宜歟、被問吉平
朝臣子剋吉者、令注勘文奉之、余先見奉相
府返給資業、令奏同、余申右府云、借竈神之〔相府同御出、吉平申云、東方吉者〕
上、上卿可作雑事、新源中納言経房可宜歟、從
枇杷殿還、借内裏新中納言甚上有帯剱
恩〔重〕奏、其役有何事乎者、又命云、行幸事可
行者相府奏、借前之後、余右外記文義作行
幸時刻、雜事供奉諸衛諸司等、借奉事
文義朝臣、鳳輦歟者、仰可供葱花輦之由
借裝束及作路事、仰資業朝臣、多事不具記
亥已戌一剋罷出、明日警蹕有無事、頗有疑
廃火事三箇日内、行幸警蹕、鈴奏無便歟

慮火事三箇日内行幸、禁忌、触奏無便歟、以此趣申相府、ゝゝ諾、大納言公任同諾耳、資平云、法物巻取出、又云、火之可救主殿寮内侍人々密語云、人々可傳云々、太甚涼奉有、又云、或者云、去之上出法之同無法冠、李部宮脱自冠献之、李部息取人冠揖〔搢〕用之、奉抱母后走出云々、又云、資平密語云、七朔右府被責申依譲位事、而只今不聞思定可左右之由有作事、是今朝所被作也、火事之间被奏太事、如何不耐懐遺恨歟、

十九日、乙亥、〔忌遠行　十二月節〕今日故天台座主周忠法事、僧前精進〔斷〕八木二十石送之、依院源意楽、不令調備、送其代耳、

今日従太政宮移幸枇杷殿、〔行幸枇杷殿〕余一夜加腹被食損、是須以資平令達左相府、黄昏冒雨参太政宮、先是右衛門督参入、秉燭後諸卿参入、雨脚弥密、左相府参入、候殿上侍所、余申相府可解陣事、何日許可行哉、被命云、経今一両日可被行也、余答云、枇杷殿不異尋常皇居、移法後有解陣、如何、相府命云、然者今夜可被行解陣事者、行幸雑事令大外記文義朝臣催作、申皆具候

行幸、雖有大外記文義朝臣催、仍申皆具候
也、戌刻行幸、吉平奉仕反閇、行幸路出太政官東門、并待賢門、自大宮大路
北行、折東自上東門大路折南、自東洞院東大路南行、乗輿出枇杷第東門
神祇官献御麻了、進御輿寄南殿、如恒、諸
列立東内北廊、左大将立右近陣西庇、余立西対
階隠、并依雨儀、此間雨脚不止、今日立警蹕、鈴奏、召詞
等又不行、依経事也、此事昨日余謂右大臣、所申定
也、解陣事以蔵人頭資平遣左相府、件事於太政官令
行也、然而以有司令遣後可行也、帰来云、可行者、仍着陣南座、右大
解陣
外記文義仰解陣事、須召諸衛仰之、然而随時
宜計行也、上卿無前例、件事於官申定、相府所
行也、今日諸卿着例装束、余着平絹柳色之
下襲・平塵釼・蒔絵䩞、先年国挙院依時儀焼亡、事由式或書日移、依堀河院之
行幸及三条相府着、白重下襲・平塵釼、馬副四人、令着横柳装束
諸卿馬副不着、尾従所相奏大臣、乗車、大納言道
経・余・斉信・頼通・中納言俊賢・行成・懐平・教通
頼宗・実成・参議道方・通任・三位中将能信・右衛門
督実・兼隆・朝経
奏移徙并御竈神事
戌刻奉移、忠明子刻奉渡御竈神、中納言経房

[illegible]
奉移御所并御竈神事
戌刻奉移忠明子刻奉渡件竈神中納言経房
相従件竈神歩行
今夜行幸畢后作絳陣幸後於陣腋弓箭
之間資平云殿上侍所有饗左大弁被催諸卿不
催之陣座所被示不可見由仍所来也諸卿参東
宮所召右相府自殿上来陣腋云参東宮也此
有所労不可参入所者不申左右相揖相府若上
達部相従亥刻来宮渡給右相府去法門第初
安居御所也　令従角門退出右衛門督大納言修理大夫
傍仰右中納言下参東宮右相府未被参之間停
立者　令庭狭下労暗夜降雨方
事々難耐
公任
四条大納言去遂之一日於右相府宿所与三位相若
云行幸警蹕雖下﨟大将先之雖又下仰　御経
従幸書陣所之解仍最合賂射未警蹕難
右大将上﨟者之雖云只件事只之随相府命邪
下依先例所令警蹕難歟廻耳仍奉送之事以花為
先是定事也自後事之随時議在代事不尋
前跡
明日林木二三枝各戒豈三井寺乞朝幸忠時令
送鐵之十廷又覚遠云大壹従明年夏秋之

送鐵五十廷、又覚遠立小壺燈、明年夏秋之
修造料、関梨堂頭房北方龍雲房夢告云々、
為奇之、
廿日、丙寅、今日三間堂材木只一二枚初七、成三井寺
木材、彼材木先日以在大津材木　疲敝材木造　依者
日来令行成是堂雑用料也、又覚遠下遣之也、昨
善生忠時令行事、以信重経師一切人々行事
昨日東宮行啓事、
昨日東宮行啓、大夫扶信卿不作陣事、左右
府勝立馬寮無極云々、資平可遣頃参行
啓吏作不紀者也、
廿一日、丁卯、資平来云、大事至亡二、是之気色已
成多所被作之事、又云、昨夜被免為隆卿
勘事付簡了者、
廿二日、戊辰、山座主見臨云、従去十八日被行内論義
事縁内裏焼亡事停止、十八日奉内、今日登山
密語云、一夜祈念之上、法華夢告　菩薩子信　可
参過明年三月者来得其意云々、明年七十之
無殊事、下山者、
臨時祭依火無御馬御覧并試楽事、
廿五日、辛未、資平云、不御覧御馬、只可給所付
之由左右府被命也、　明日於左府御前　下注名定着事也
試楽不被行、依焼亡事也、

試楽不被行、依焼亡事也、

臨時祭依火不可有重杯神楽事

廿六日、壬申、資平云、今日於左府法房云々、法國風
付云々、昨右府云、臨時祭更不可給重坏、不可有法
外楽、忠已上作云、神楽例事、於可行之者何無
入夜、日法抛忘者及丑刻頗有恙

臨時祭事

廿七日、癸酉、雨、今日臨時祭有所労、足下不参入、也蹇
以中将資平許
左中弁経通云、明日右相府於之見宮奏例之後
其奏可同作法、仍源納言俊賢許候、納言又離
之時候構致宮奏之故
皇后進事、以證空阿闍梨令啓達
廿八日、甲戌、上明内法物忌云々、昨日臨時祭楽内々
宰相資平来云、依雨止舞、三献之後参於及大夫
大納言道綱・頼通、中納言俊賢・経房、参議道方
未参入、使右少将兼経於宮奏来、右相府頗有
不快気、者雖甚雨猶有舞人例也、臨事有
権議歟、出納義之云無、法神楽只於射場給
禄
證空阿闍梨来云、進事昨日面展（啓）畢、被仰云、右大臣
大夫共令啓云給進之由、然而不参去夜、今春興消
息子云許容、早可奉着、唯思無人怨結、云秘
蔵依由情息等、成更不可外漏者、思食立后

蔵依海清息等成吏、更不可外漏者、思食立后
日事、計之有許容歟
廿九日乙亥、資平云、昨日甚雨、無舞、廉堤具焼亡
無其儲之故也、因執院　依時内裏焼亡移御
書司有所奉無儲之様、則〔朱: 側〕不覚人也
〔朱: 大原野祭事依火延引〕
卅日丙子、今日大原野祭、依内裏焼亡延引、及今日
仍今日初於南泉辺奉幣太宮使

十二月

〔朱: 先朝第三皇子書始〕
四日庚辰、今日先朝第三皇子書始日也、相扶
而参、申刻許参皇太后宮（上東門）、今日母后自寝殿（假）
移給東對、於此殿依可有御書初事（皇太子御西對之故歟）
其儀、母屋南一間設皇太子座、畳二枚、其上敷二枚茵（西面）
前立黒漆案、敷錦、置御注孝経并璧袋、母屋北
際二間東行懸御屏風代劔、御屋立之、御几〔朱: 凡〕帳
其内母后御在所、又母屋并廂南障御障子前
立四尺屏風二帖、西廂南第一間北柱下少南去敷
博士座、菅円座、当其座少進北、貴子敷尚複
菅円座上達部座、南廂座西上北面（従西第二間至五間位自）

東圍屋上達部座南廂西上北面 從西第二間至五間供之
第四間對座高麗端疊雲數 敷上人并文人座東
面同座御前上首宰相同座
座 北上對座敷 上人西又東 諸大夫座同廊東廂但懸廡戒
敷障子降御簾相對著 敷上人座右大臣來著
此座云々 今中刻 奴名 書初時 即起向皇子簾
來間 同對西廂從南第三間以 召御相之從依松呼此間
自内被進御注孝經抄筆 蔵人頭為使 以金銀作形
蔵人 次資平 次勅使參入 依注孝經 以銀作書 形以金云
軸中納言行成屢云以 墨書外題云々
墨 象眼 青 色 付五粒松枝盛

上達部持書筆 奉之 御書 蘇芳 筆 硯 持之故耳
蘇芳箱筥盖小舍人持之 資平只執 依書奉左
相府之 出居西著子 持入座中 即被資平如裝
束下從坤階再拜 資平來之 欲歸參內 故
是御相云以宮職司 侍所別當 又相府下甚
廣絹始被纏綠 衾 奉了 參入 若明上參入宮職
若參之給祿人歸參 内亡宮奉也 仍之代奉
下從時勢 此 仍納大納言公任卿參之 雖不歸
參又有 何事乎 為之從泉 承之也弘 不畢
右中將雅通 結皇子 此有被拘再拜 如資平 相
府日多子年 今著座了 相府著廣廂座日說

府司呂子午人着座了、右府着廣庇座日次
卿例次第着座、次召博士尚複少内記式部大輔
廣業文章生平定親、々々着紀定據、各執書
下繋
廣業取副　參入自南庭昇階着座、博士廣業
挿手板
開書、次尚複定親開書、皇子不開給、仍右府
申事由開給、次廣業讀云、御注孝經序
次定親同讀五字
尚複不讀文、及古之有天天子
皇太子以不讀云々、有前例
博士
尚複起座退出、次着上達部饌
折敷
高坏
相府
以右中將朝任　定賴朝臣
右文人
及殿通直如近
以上四位
勅使
殿上範通　文章博士周
義忠　以上五位　文章得業生菅原因職
文章生　定親
今着座、次供皇子前
物　臺六本用
銀器
盛年如陪膳、是右府命也、執打數
進々之是云不可解、納言如何未全巻云不可解
抑唐問傍卿等也、余云以殿上四品為陪供之
相府召文章博士通直作可奉題、々出退歸書
題獻之、其題云、聽先朝第三皇子讀御注孝
經、右府以題々見下上達部、次下部先是右府招
左大將賴通奉仰入皇子午座中庸文上達部
殿上人文人等合置筆硯等、次立文臺於
廣庇西第一間
透渡立之
有數把
次有糸竹興、所相數
上人地下人相交急數、疊於南縁右着左中弁

上人地下人相交急数巡於南縁召着左中弁
定頼左少将経親　前伊予守経相未作人也文
人経南庭昇座者文席者献文之後右府以
朝任朝臣令取文臺若令置南面庇次右府起座
進若進卿相同進辭居了文人令取次廣業
為講師　天徳例以文時為博士　依右府命中納言俊
又為講師而已
賢次第作文置臺上右府先覆是若臺更　先讀
序次自下﨟　講師讀詩了起座次右府已下退出
詩讀了
座而開朗詠絲竹交聲先陳文人有禄其後
卿相禄法有差天徳例以初之座參書備依
右府命以宮能宮人令取裏絵走紙封也立座
參遣根今日儀依天徳九條記者之是
邑上先朝第四皇子例也今日無才卿右雲上
侍臣作文足云々有才無才令相知序及每
三詩有秀句似不諱者詩呼云々亥剋許
書於一両賜銀書無例事
筆台敷聖主五體取悦之間以立例之銀書賜
書所行無興之由又筆経之筆謝者不甘心
今日上達部左大臣右大臣内大臣道綱余斉信頼通
公任中納言俊賢行成懐平教通頼宗経房実
成参議道方通任兼隆左中将経信左衛門督

成、参議道方・通任、非参議左中将経信・左衛門督
兼宣、参議頼定
五日、辛巳、四條宮属公忠云、明日季御読経始
可参入者、有所労不可参入
去夕従法書始所返出之後、終宵煩胸、不従
尋常、今朝奉書於権大納言、法許状之
内有心細之趣、殺若出家之心、潮發所
明年明々年是一命期之由、可慎一事之方、若雖
隠月間不赦男女子一無相加、餘思可有発望
奉消息、甚猶云、非急事有悼、殆漏子細、自
執申者
七日、癸未、致王書始、日来所労参入之悦、今朝左
相府以資平有法消息、令申甚康之由
資平云、来入、日来深悩気法性
八日、甲申、資平従内示送云、有法悩気、右杖同云
夕破物忌参入所依
歳星経天事
申時歳星経天、十日上二个度異奏云々、但歳星
経天不同之度云々、天文云、宋尹志云、晋安帝隆
安元年六月、歳星経天、占曰、国受殃、其月方岳
交乱、晋書志云、晋恵帝永寧元年正月、歳星
経天、占曰、歳星昼見、更王、其年更王

経天、後四歳早晝見、変之甚、今年又見、

九日、乙酉、資平従内罷出云、主上今日御心地宜御、似御風病、御面赤、無御邪気歟、左相国答云、雖被仰令食以薬、先於北陣宮被祈申之、奉仕御加持宜歟、被仰云々、神事以前宜便者、

故山井三位室尼、謂息云、皇后宮嬢御事、来廿六日可終七僧前事云々、相労者、立春之後、初労五事、頗有不浄之由答報了、

官奏事

十日、丙戌、今日左大臣着左仗、令申大粮文云々、准大粮文左大臣被行之
播磨之門一上儀、是宣旨趣有

資平早旦来、送云、従昨日巳剋許至戌剋御尋常、従亥剋至卯御悩、未剋許敢無内、歎云々、只今殊事不御、理髪如常、召使中云、外記元規云、可奏洗足食、東作首方労、不可奏之由、又云如房為立綸燈、兼忘事歟、余報云、是依忘云々、而無咎、御青宮之時有此事之由、法時云々、者

十一日、丁亥、臨夜資平来云、内御悩、今日頗宜御坐、而全不復御例儀、又云、今日伺候中納言行成相共向主事、右相府卿、信宰相親、有斜宰相相々儀之、資平可之改定之事未也、先以下官可令達右相府者、化僉議頗有不得意之事、仍以此趣

右相府示他僉議頗皆不得意之事仍以此趣
示資平、々々甘心云明日以季信朝臣可被示遣
宰相許者
十二日戊子守隆朝臣云左大将従去八日依打身煩
悩苦就中昨一昨重悩今日不開種重依有時行
数行不断読経者
入夜資平来云未申剋許右将軍万死一生也
即从定基走来告相府、々々下馬馳向将軍家
彼家堅固物忌、仍從仕師宅方以相府廐馬等
献若社等為救将軍病彼家有犬死穢、仍
献相府馬将軍汗出蘇生得尋常之邪気出
来者午時許行邪気相府去々資平所来談之
間忽有相府右即参入不知何事小時帰来云相
府被参云明日可定申行幸使而依觸穢不可
参之被仰他上云被行余又所答其依借見給
示右将軍病悩事明日之内申返事今夜不可
帰参也
去夜子時新源中納言経房女産女子或郎所親王
北方守時産 女子云々
十三日己丑去夕右府 依借見朝臣以資平令申返
事資平臨内示送云春宮大夫 斉信 之宅行

荷前定

宰相資平従内示送云、春宮大夫〈斉信〉可定荷
前使、右将軍夜半許重煩々胸、無殊事、臨
夜資平来云、右将軍於有悩煩霊気移人被
調伏、而師重験家、右府并北方被行将軍家、
云々、又云、春宮大夫定荷前使、大納言斉信
公任、中納言行成・経房・教通・頼宗、参議公信・朝経
通任、両左大弁道方
平宰相辞書、以李信朝臣示送也
十四日庚寅、法性寺座主慶命〈僧都〉来、不相逢、
依有所労、夜資平来云、右将軍病已平復、
十五日辛卯、右衛門督消息云、今朝依右府御
譲位事有急速之仰、云正月除目若旧年
立春後有行之例云々、若無其例之定了、然者
正月早行之、給之由執奏了、左右可被示送者
於過除目之有事如
十六日壬辰、早旦資平来云、御譲位事ニ在正月
之由去夕被仰左相府了、宮達法元眼消息、
未事令妻附相府給、至尊宮法着童事不
可知、還上之後令着許也者、見天気依無殊
左大将之被申々々、資平来、付依速日物忌昨日通
達者、資平臨夜来云、又参内、辞状欲奉、早相公

達者資平臨夜来云大業内辞状欲奉右相公
許者余答云有何事哉退去不経帰来云相
逢平相公示可然上啓任之表出家状不心許者
章者章之表趣先案奏次可達相府不可指
下官口伺便宜自可申相府之由諷諫畢相府
謂章可無陽咲心云々仍所示也者経資至上寿
被仰云此章深所利益忠以此旨示相府無固辞
欤縦雖穢乱不可依見昨日所被仰又如此護
位後諸宿不可被仮依中才牢有仰之夜参内
依相府命也
女親王叙一二品事
又云如一二宮皇后宮腹可叙一品上如三宮中宮腹殊
可給千戸封并年寿年官并依未及着裳
不可叙一品云々是現代之又現代也右府申四品
一品親王三人之中右大臣既男女親王皆賜千
戸之封并年寿年官等又重此事嘆息云々
荷前使事
今日公家於前後国中納言行成経房参議頼
定公信中議只大納言斉信公任参議通任
朝経四人勤使節云々
十七日丁巳大納言来如云昨日右大将以右衛門督懐平
被奉皇后宮若能載章如之尊中可奉中宮
女親王准后事云々左右夕及中納言下議一二事
状以書状向達金吾欤々雖謁相府無命重

状々書状両(同)達金鼓之雖謂相府無命重
事者
季信朝臣来傳事相公報
資平謹同退出云々朝臣(宰相)雅事具以奏同候
有恩気者資平傳左大(府)命云山階寺賀使
禄事不知前例在清使々法礼状之宿返若
略書出奉之　大皇太后宮属山中云昨日(明)法
仏名事(可)奉者有而不参不可参入
十八日戊午　内裏状季　法橋経増所労不参入
宰示資平了其返状此云八座事之朝中相府
命々同是上臈被申推寂者事　但如今非
省失何事乎　公家自老後依之早申許也
省不知後法心中不見被妨之気色也
九日己未　資平云昨日中相府無勅当
気色之奏聞了　長谷寺別当経理猶未定
法隆寺別当之中文全後寺別当也但件中文
加載可任律師之事　仍返授了後志之可奏
同是依為後寺別当而有律師事　因之不能
奏聞　経理第二之譲也不中推之其例借還
法事已譲二人任律師之例
廿日庚申

廿日丙申
廿一日丁酉、早旦外記頼隆以右使人申云、今日有
可被定之事、可参入者、依有所労不参入、
仁和寺別当寿清来云、今日内論議従僧綱
其後可有僧綱召、頭中将来、問僧綱召事云、
一日被仰云、可有僧綱召事之由、左大臣参内仰
云、可有人恨歟、今我所行大臣有思気者、
（朱）僧綱召并分配不堪佃定等事
今日定并僧綱召事、同是資平朝臣云、可有
不堪定之、僧綱召有云々者、入夜示送、不堪定
恐無他事、諸卿多参云々、
右衛門督被示送云、昨以前僧都隆源被下
祇園検校宣旨、不思二者也、
廿二日戊戌、資平朝臣云、昨日被定不堪并分配事、其
後左相府・大納言道綱・斉信・公任・中納言・参議
不候、（朱）昨日御仏名　御仏名、昨日清覚僧都辞其事別
当之状、慥左相府、早参内、可賜者、良久
返賜了者、清覚僧都依先日阿闍梨事恐
然不辞云々、今日左衛門督来、慈徳寺資平朝臣
馬被借者、今朝召参、大納言被示送、昨日事子
参、御仏名初夜始間参入、堂童子着座云々、
候座、依参上、仍暫候殿上、堂童子退出之後

裡亜使奉上、仍暫候、殿上童子退出之後
奏上 出居右将曹 若右近 右衛門督一人候、法眼中夜、法
導師退出後、依心神不覚罷出
新源納言 経房 當腹太郎 号尊若、廿六日加首
服之由、以朝任因伴章附属下家、同興営
黙焉、何如忽企甚疑也
廿三日、己亥、入夜、資平来云、上庭下段補法導
師、其事中右相府被退出之時、作之者先例
不然、法因被作之、但左大臣只ー下随被命之由作之
相府儀甚被奥所献命、今左宣右頭作之後
取草、庭着上庭名
後、資平云、阿闍梨慧寿 上﨟 僧名 被補法導師
給様後、御下一法導師、傳作其由、慧寿執草
庭着野外上着法因後取之作數
廿四日、庚子、今日皇太后宮 御読経了、東宮
御読経始、仍参皇太后宮 未時行 所也、東宮修
参左相府 参中納言 實由 渇讀有法讓位、青宮事
右准甚亮不使事、予答昨日大納言公、告送下
事下早之、奉部宮之立給東宮、不可申之
宮之或傳云、就后宮之以下宗之、又春宮大夫之由 信也
有同議立之每三人、同議件由如何、右督事無極

有内議云無三人同請件事如何者答云極
若推量事歟仍今日宮々申非可無同事
不可被任若有然之事可有汝用意事也
被参云若有其作先之参て被問之由之事可問
不可被任如者又申從参事尋相事被参云已
有上臈官者事々不可申若有作事之者
一度ハ可奏不可然也別様なる上臈ある極事
事也豈於中宮之使ハただ不可異昔事事也
此事之執奏にきこえ太政官道理千思也も又有
所悼唯有麗参資平之詞今見氣色主上
曲有所被作不可被遣中遊或内々法人又難知
其事次中山僧別当事命云道理雖在
僧都林懐忍有不治所権別当僧都扶公有
除治之様名頗有於嚴氣又命云頃事本
定澄僧都云只要扶公所令行也定澄遁絶
後猶在扶公件間任他人事有脱漏仍不任
之間又多思遺[慮]者今見氣色林懐已雖當
道理修有不治縦多事難祀先是頗傾
又参皇太后宮卿相着御前座諸僧参上
日没行香了着饗座一献了参東宮法華
入宮法読経始事燭了香卿相着殿上饗

入昏、依読経始、東燭行香卿相着座、上卿参
々夜中宮、依仏名也、是日参入諸卿参相府々
宿、又不可参、独参中宮、秘俄日立後出、仍聯
内於此ゝ寅大夫経房卿退出
今日参入卿相大納言斉信、公任、中納言俊賢、教
通、経房、宰相兼隆、参議通任
三位中将能信、参議頼宗、公信
廿五日、辛丑、早旦資平来云、主上被作宰相事
左相府一切不承従云々、是則所被仰也云々
作者、陰天気太低霧者、相府被奏坂上郎
参相府、読経被始、右大臣亭、暫読着仏前座
行香了欲退出之間、以右少弁告被示参来之
事、下官独身参内、相府不参内云々、相府依読
経立於堂被行之会、依読経始着余不可来所
仍参内、賀七太弟道方一人参入、今日之事、宰相奏
者、左相府被奏之云々、余退出参相府、所相
中納言俊賢行成懐平教通頼宗経房宣
成参議並隆通任三位中将能信参議朝経
入夜資平来云、今日被作資平宰相事、右府
奏、一切不可承之由、次被作新帝頭事、又不可
承之由、道雅為宮亮、至経通蒙時中以下事之

承、経通・道雅両宰相、重経通、當時中將事已
無天許、今逢其時、道雅有憚、相顧也、被固皇
太后宮人、密々為蔵人、以仍不可承、資平事云々、
此間法相太不便也、之上被作因情、忠貞近
任事甚作尤切云々、仍相府立腹、此事許
不承他事云々、甚道理也、勘語玉々不了
聞云々、

所々奉和左大臣五十算事

廿六日壬寅、今日所々奉左大臣五十賀云々、
太政官　勧学院　興福寺　法性寺　極楽寺
慈心院云々、延暦寺並奉内法賀、并七大寺
賀之間也、如何之事、山階別當扶公来云、
使三綱一人奉左府、法賀頌巻数、明日可奉
内法賀、法性寺司及僧綱五師等相率云、

中納言経房卿男寄基元服事

参入内裏、
今夜源中納言経房当腹太郎元服　元五位也　加首服伴
童附属下官調進、如装束一襲・赤色袍・衣・蘇
芳織物・綾地摺裳（裳）三重袴（袴）、付資平送之、
廿七日己卯、昨新宰相資平衣・布衣・米与禄、
紅梅綾　長綿文、納言来門外、同車、騎（将）之加衬
袴　
元納言云々、甚恐向彼家之後、乗車下送、又
退帰便相出同車云々、

[illegible]
退帰、便相共同車云々
府生公頼申云、今日白馬列見、将曹皆候、而不
着座未遂、源中将朝臣相伺有所着行之歟
大外記文義以官使令申云、今日可有陣定、可参入
者、下官有所労不参入、今日定之事内々示〔向〕資平
之々、難云直物之々、可有准后事、所示大納言法
清息云々、可有直物并造宮定云々、造宮行事
大略被大納言云、非其事寔々、未遂已、又被借送

省試題事　象載瑜

車
今日省試題省式部大輔広業　題云、象載瑜、一首　二千字成篇、以才為韻
廿八日、庚辰、今明物忌、忠不開門、但依蔵人来可

禎子内親王准后宣旨并造宮定事

開門々、資平云、女三宮 中宮腹、七歳、禎子 給千
戸封、又准三宮年官年爵宣旨下、左大臣奉
之、於陣座奉宣旨、資平傳仰之、有勢於陣
被定造宮事　入相上日注送、在宮内、未同注送、如資平申
行事大納言公任・斉信、朝経、右少弁資業、史如

直物次小除目叙位事

信、減了直物事、其次被任諸陵允一人　依抄
叙位公信叙従三位　造宮行事賞、有勤動当　依勧賞之者、優恩也
左大臣已下亭氏上達部、令参准三宮者
後大臣候殿上、以資平令告年首　文高子於蔵人所
令勘申、昨読侍日付相府云、不須文事先可問吉

[illegible]
令勤申、依讀経日付右府云、不須交易、先日同者
日見内申云、正月十三日廿九日修每日同者、今右
府徂每日同如何、左中云、十三日依齋会、欲右府
云、尤然事也云々、勤申廿九日者、廻蔵勤文覧了
命云、依此、前之間、授者右府被奏、依前、次拵
奏奉之、諸卿参東宮、又後宮、依仏名也、留
御在宮、依左不参云々
山階寺奉賀卌御算事
今日山階寺奉法賀、卌仏経巻數和哥、僧綱二
人林懐扶公、已講三人、五師等参入
廿日乙巳、右府進節料八木十石、令給随身所
資平傳右相府命云、近日欲相逢者、計也、依
天下疾疫間、雖事、以今申可参入之由甚深
談云、右府命云、月来右親憂疾、仍如何申
無事之間、今思之也、命云、下無事太難何
況者哉、命云、依譲位日儀、若可々奉批把挽
然而不可然、可被獻神璽寶劔、又申云、於
誰人之如依使命云、資平可貢奉者、件例
小松帝例也、雖非其例、有何事乎、貢奉
神璽寶劔之勤、恐可蒙恩賞歟、々如
件儀可謂大幸

件儀可謂大事
（延暦寺奉賀左大臣五十算事）
後日聞、去廿七日延暦寺僧以百口僧、為左相府
奉令奉読寿命経五千巻、則是賀五十算、
今日奉巻数云々、文宣義作、内苫墨唐手眼
付五粒松枝云々、
新源中納言来、談謝之服日訪氣、
資平来云、今夕向平宰相（親信）許、欲訪病患、
戒云、言語不正、無退失例、若中風氣云々、
（追儺事）
参内、追儺後可参賀茂、去々夜酔除奉
幣諸神、夜半許追儺、

附載

加藤友康

甲巻十三　長和三年冬

栗皮色の新補表紙に、八双と長さ一二八・五センチ、幅〇・六センチの巻紐を付し、軸を付け巻子装に仕立ててある。本文は楮紙の料紙で四三紙からなり、裏打ちが施されている。外題はないが、端裏書「長和三冬」の書入れが残り、紐には「小右記　十三／長和三年冬」と二行にわたり記された、縦約九・〇センチ（このうち約〇・四センチの紐との結び目をあわせて約二・四センチが紙縒り状で紐に結ばれている）、幅約二センチの楮紙の紙片が結ばれている。また第一紙裏には「（朱書）十五〔三〕」と記された縦四・三センチ、横二・四センチの紙片と「（朱書）ラ六拾六／（墨書）長和四〔三〕年冬」と記された縦四・六センチ、横二・四センチの紙片が貼付けられている。軸は、軸長二九・七センチ、軸径一・六センチの朱漆塗木軸である。

天地に墨界線が施され、一部不鮮明な箇所があるものの本文全体にわたって折目の痕跡が残っている。例えば第七紙には山折りの痕跡をはさんだ線対称の位置に、また第七紙・第一〇紙・第一七紙・第三〇紙などには谷折りの痕跡をはさんだ線対称の位置に虫損が残されている。さらに巻首に近いところほど折目痕不鮮明ながら、山折り痕と山折り痕の中間の谷折りの位置と想定される箇所にも、例えば第八紙・第一一紙・第一三紙・第一九紙・第三四紙などにも線対称の位置に虫損が残されている。これらのことはある時期に折本状になっていたことをうかがわせる。山折りと山折りとの間隔は第二四紙以降四〇センチほどに広がり、第三五紙以降では四一センチから四二センチとなる箇所もあるが、概ね三八センチから三九センチとなっており、おおよそその半分ほどの幅の折本様になっていたと思われる。

墨界線について、第一八紙と第一九紙は他の料紙とは界高が異なっているが、第一七紙左端と第一八紙右端、第一九紙左端と第二〇紙右端ではそれぞれ虫損が連続しており、この状態で貼り継がれた状態にあったことを示している。巻尾の第四三紙は軸に直接巻き付けられ、軸に巻き付けられた料紙部分を含め余白部分は約二九センチとなっている。全巻一筆で墨書の首書・傍書が見られる。

乙巻三　長和三年冬

栗皮色の新補表紙に、八双と長さ一一三・〇センチ・幅〇・六センチの巻紐を付し、軸を付け巻子装に仕立ててある。本文は楮紙の料紙で四三紙からなり、裏打ちが施されている。外題はないが、端裏書「長和三冬」の書入れが残り、紐には「小右記（朱書）五巻之内三／長和三年冬」と二行にわたり記された、縦約九・五センチ（このうち約一・〇センチの紐との結び目をあわせて約四・五センチが紙縒り状で紐に結ばれている）、幅約二センチの楮紙の紙片が結ばれている。軸は、軸長二八・八センチ、軸径一・七センチの朱漆塗木軸である。

天地に墨界線が施され、本文全体にわたって折目の痕跡が残っている。例えば第三〇紙・第三六紙などには谷折りの痕跡をはさんだ線対称の位置に虫損が残されており、第二紙には谷折りの痕跡をはさんで線対称形の滲みと料紙の欠損が、第二八紙には同じく谷折りの痕跡をはさんで線対称形の滲みがそれぞれ残されていることから、ある時期に折本状になっていたことをうかがわせる。山折りと山折りとの間隔は三七センチ台後半から三九センチ台前半で一定しないが、おおよそその半分ほどの幅の折本様になっていたと思われる。これらの折目とは別に第三紙・第四紙、第六紙から第二三紙にかけて折目幅の異なる折目痕跡も残されているが、幅も広狭一定せず別の時期のものと思われる。

第五紙中央よりやや左の上部に縦一・六センチ、横〇・五センチの、第九紙中央上部に縦一・四センチ、横〇・六センチの、第一二紙中央よりやや左の上部に縦二・〇センチ、横〇・五センチの、第四〇紙中央上部に縦一・六センチ、横〇・五センチのそれぞれ付箋のはがしとり痕かと見られる紙片が残されている。また第二三紙右端寄り上部には縦〇・七センチ、横〇・三センチの付箋のはがしとり痕かと見られる紙片の残片を含めて縦一・五センチ、横〇・五センチの糊付痕が、第三五紙中央上部にも縦一・五センチ、横〇・五センチの糊付痕が残されている。

巻尾の第四三紙は軸に直接巻き付けられ、軸に巻き付けられた料紙部分を含め余白部分は約一四センチとなっている。第二六紙までの長和三年十月・十一月と第二七紙以降の同年十二月では異なる筆跡かと思われ、朱書の首書・傍書が見られる。

甲巻十四　長和四年秋

栗皮色の新補表紙に、八双と長さ一二二・〇センチ、幅〇・六センチの巻紐を付し、軸を付け巻子装に仕立ててある。本文は楮紙の料紙で四二紙からなり、裏打ちが施されている。紐には「小右記　十四／長和四年秋」と二行にわたり記された、縦約九・五センチ（このうち約〇・五センチの紐との結び目をあわせて約二・五センチが紙縒り状で紐に結ばれている）、幅約二センチの楮紙の紙片が結ばれている。軸は、軸長二九・一センチ、軸径一・六センチの朱漆塗木軸である。

天地に墨界線が施され、本文全体にわたって折目の痕跡が残っている。例えば第三紙・第八紙・第三一紙・第三二紙・第三四紙などには山折りの痕跡をはさんだ線対称の位置に、また第六紙・第九紙・第一一紙・第三三紙・第三五紙などには谷折りの痕跡をはさんだ線対称の位置に虫損が残されている。さらに折目痕不鮮明ながら、山折り痕と山折り痕の中間の谷折りの位置と想定される箇所にも、例えば第七紙・第一二紙などにも線対称の位置に虫損が残されている。これらのことはある時期に折本状になっていたことをうかがわせる。山折りと山折りとの間隔は、奥に行くほど広くなり第二九紙より奥では四〇センチとなる箇所もあるが、概ね三八センチから三九センチとなっており、おおよそその半分ほどの幅の折本様になっていたと思われる。第三九紙裏から第三八紙裏にかけて長和四年九月二十日条の新造内裏遷御にともなって叙位された者の歴名を書写している（一七九頁に収録）。また第四紙右端上部には縦一・五センチ、横〇・五センチの付箋のはがしとり痕かと見られる紙片が残されている。

第四一紙は余白約九・〇センチを残し第四二紙に貼り継がれており、第四二紙は全紙余白で軸に直接巻き付けられ、軸に巻き付けられた料紙部分を含め約三七センチとなっている。

長和四年九月八日条を書写した第三〇紙では、他の箇所の六行分に相当する紙幅に八行分を書写しており行間が他に比べて狭くなっている（一六一頁参照）。そのため九日条と前後の八日条・十日条との行間は逆に広くなっており、八日条・九日条はあとから書写するために前もって空白にしていた可能性も考えられる。また第三二紙までと第三三紙以降では異なる筆跡かと思われ、朱書の首書・傍書、墨書の傍書が見られる。

甲巻十五　長和四年冬

栗皮色の新補表紙に、八双と長さ一二二・〇センチ、幅〇・六センチの巻紐を付し、軸を付け巻子装に仕立ててある。本文は楮紙の料紙で三八紙からなり、裏打ちが施されている。紐には「小右記　十五／長和四年冬」と二行にわたり記された、縦約九・五センチ（このうち約一・〇センチの紐との結び目をあわせて約二・五センチが紙縒り状で紐に結ばれている）、幅約二センチの楮紙の紙片が結ばれている。軸は、軸長二九・一センチ、軸径一・六センチの朱漆塗木軸である。

天地に墨界線が施され、本文全体にわたって折目の痕跡が残っている。例えば第一一紙・第二九紙・第三〇紙・第三一紙・第三二紙・第三三紙・第三五紙などには谷折りの痕跡をはさんだ線対称の位置に虫損が残されている。さらに折目痕不鮮明ながら、山折り痕と山折り痕の中間の谷折りの位置と想定される箇所にも、例えば第一三紙・第一五紙・第二四紙などにも線対称の位置に虫損が残されている。これらのことはある時期に折本状になっていたことをうかがわせる。山折りと山折りとの間隔は、概ね三八センチ台で、おおよそその半分ほどの幅の折本様になっていたと思われる。また第九紙右端寄り上部には縦一・二センチ、横〇・五センチの付箋のはがしとり痕かと見られる紙片の残片を含めて縦一・九センチ、横〇・五センチの糊付痕が、第一〇紙左端寄り上部には縦一・二センチ、横〇・五センチの付箋のはがしとり痕かと見られる紙片が残されている。

第一八紙には長和四年十一月十一日条のあとに約一一・五センチ、六行分相当の空白があり、十四日条に続いている（二〇八頁参照）。第三七紙から第三八紙にかけて奥に行くほど拡大する連続した焼損の痕跡が残されており、第三七紙の左半分と第三八紙の天辺は損傷している。また第三七紙は余白約一〇・〇センチを残し第三八紙に貼り継がれており、第三八紙は全紙余白で軸に直接巻き付けられ、軸に巻き付けられた料紙部分を含め約一二センチとなっている。全巻一筆で朱書の首書・傍書、墨書の頭書・傍書が見られる。

甲巻13

紙　数	A	B	C1	C2	C3	D
表　紙	28.8	29.5				0.9
第1紙	28.6	47.6	3.5	23.3	1.8	0.4
第2紙	28.6	49.2	3.5	23.3	1.8	0.3
第3紙	28.7	49.3	3.3	23.4	2.0	0.4
第4紙	28.6	49.8	3.5	23.3	1.8	0.3
第5紙	28.6	49.7	3.4	23.5	1.7	0.3
第6紙	28.6	49.3	3.5	23.4	1.7	0.3
第7紙	28.7	49.7	3.3	23.4	2.0	0.3
第8紙	28.7	49.6	3.3	23.4	2.0	0.2
第9紙	28.7	49.6	3.3	23.3	2.1	0.2
第10紙	28.7	49.9	3.5	23.4	1.8	0.3
第11紙	28.7	49.4	3.3	23.3	2.1	0.3
第12紙	28.6	49.4	3.3	23.5	1.8	0.3
第13紙	28.6	49.5	3.5	23.4	1.7	0.2
第14紙	28.7	49.3	3.5	23.3	1.9	0.3
第15紙	28.7	49.7	3.7	23.2	1.8	0.5
第16紙	28.7	49.6	3.5	23.3	1.9	0.5
第17紙	28.7	48.7	3.5	23.3	1.9	0.4
第18紙	28.6	48.3	2.8	25.0	0.8	0.3
第19紙	28.7	49.3	2.8	25.0	0.9	0.3
第20紙	28.7	34.2	3.3	23.5	1.9	0.3
第21紙	28.6	49.7	3.2	23.6	1.8	0.2
第22紙	28.7	49.6	3.3	23.4	2.0	0.4
第23紙	28.7	49.7	3.4	23.4	1.9	0.3
第24紙	28.7	50.0	3.4	23.4	1.9	0.3
第25紙	28.7	50.1	3.4	23.4	1.9	0.4
第26紙	28.7	50.0	3.2	23.5	2.0	0.3
第27紙	28.7	49.9	3.2	23.5	2.0	0.3
第28紙	28.6	13.8	3.4	23.3	1.9	0.4
第29紙	28.7	49.2	3.6	23.5	1.6	0.3
第30紙	28.7	50.1	3.4	23.2	2.1	0.2
第31紙	28.7	49.9	3.3	23.5	1.9	0.3
第32紙	28.6	49.9	3.3	23.4	1.9	0.3
第33紙	28.7	50.0	3.3	23.5	1.9	0.3
第34紙	28.6	49.7	3.1	23.5	2.0	0.4
第35紙	28.6	49.7	3.2	23.5	1.9	0.3
第36紙	28.6	49.8	3.3	23.4	1.9	0.3
第37紙	28.6	49.9	3.4	23.5	1.7	0.3
第38紙	28.6	50.0	3.4	23.3	1.9	0.3

法 量 表

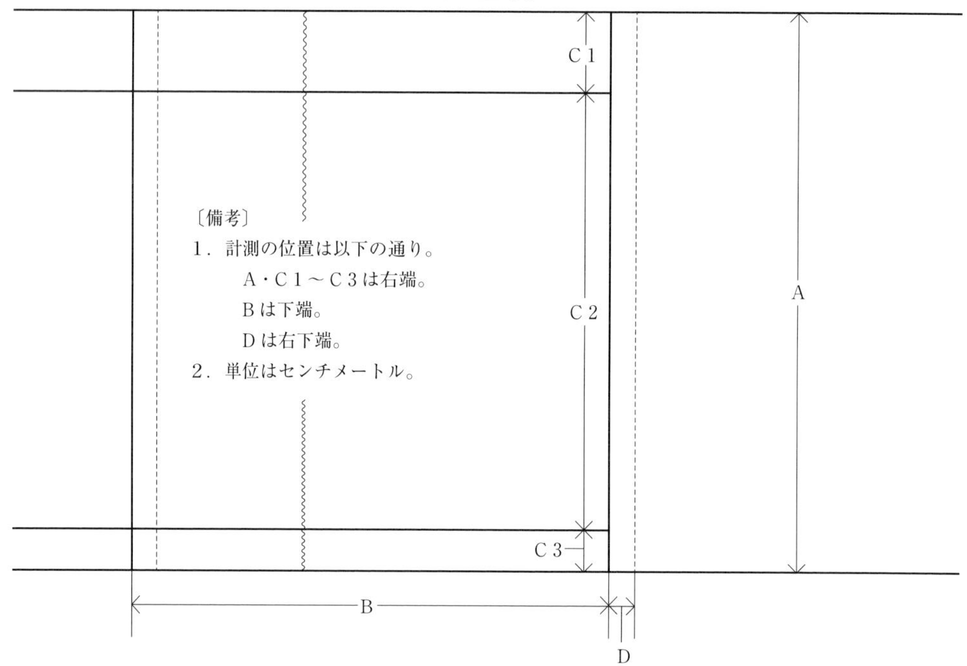
C 1
C 2
C 3
A
B
D
〔備考〕
1．計測の位置は以下の通り。
A・C 1～C 3は右端。
Bは下端。
Dは右下端。
2．単位はセンチメートル。

（乙巻3のつづき）

第28紙	28.0	54.8	2.5	21.9	3.6	0.4
第29紙	28.1	54.9	2.8	22.0	3.3	0.2
第30紙	28.0	55.0	2.6	22.0	3.4	0.2
第31紙	28.0	55.0	2.7	21.9	3.4	0.2
第32紙	28.0	55.1	2.7	21.9	3.4	0.2
第33紙	28.0	55.0	2.7	21.9	3.4	0.2
第34紙	28.1	54.9	2.7	21.9	3.5	0.3
第35紙	28.0	55.0	2.6	22.0	3.4	0.4
第36紙	28.0	55.1	2.7	22.0	3.3	0.2
第37紙	28.0	55.0	2.7	21.9	3.4	0.2
第38紙	28.0	54.9	2.6	22.0	3.4	0.3
第39紙	28.0	54.6	2.6	21.9	3.5	0.4
第40紙	28.0	54.8	2.6	21.9	3.5	0.2
第41紙	27.9	54.7	2.6	21.8	3.5	0.2
第42紙	27.9	54.6	2.7	21.9	3.3	0.2
第43紙	27.9	46.3	2.6	21.9	3.4	0.2
軸　長	28.8					
軸　径	1.7					

＊第43紙が軸付けされている。Bの数値は軸際まで。

甲巻14

紙　数	A	B	C1	C2	C3	D
表　紙	28.0	31.2				0.8
第1紙	27.8	53.2	2.9	21.9	3.0	0.5
第2紙	27.9	54.9	2.5	21.9	3.5	0.2
第3紙	27.9	54.7	2.7	21.9	3.3	0.1
第4紙	27.9	54.8	2.9	22.0	3.0	0.1
第5紙	27.9	54.8	3.0	22.0	2.9	0.2
第6紙	27.9	54.7	2.9	21.9	3.1	0.3
第7紙	27.9	54.7	2.7	22.0	3.2	0.3
第8紙	27.9	54.7	2.9	22.0	3.0	0.2
第9紙	27.9	54.9	2.8	21.9	3.2	0.1
第10紙	27.9	54.9	2.8	22.0	3.1	0.1
第11紙	27.9	54.8	2.8	22.0	3.1	0.2
第12紙	27.9	54.8	2.6	22.0	3.3	0.4
第13紙	27.9	54.6	2.6	22.0	3.3	0.2
第14紙	27.9	54.7	2.6	22.0	3.3	0.2
第15紙	27.9	54.5	2.7	22.0	3.2	0.3
第16紙	27.8	54.5	2.9	21.9	3.0	0.5

（甲巻13のつづき）

第39紙	28.6	49.9	3.3	23.4	1.9	0.3
第40紙	28.5	49.5	3.1	23.4	2.0	0.5
第41紙	28.6	49.8	3.4	23.3	1.9	0.4
第42紙	28.6	49.4	3.4	23.4	1.8	0.4
第43紙	28.5	28.7	3.1	23.4	2.0	0.2
軸　長	29.7					
軸　径	1.6					

＊第43紙が軸付けされている。Bの数値は軸際まで。

乙巻3

紙　数	A	B	C1	C2	C3	D
表　紙	28.1	23.0				0.8
第1紙	27.9	45.7	2.9	22.0	3.0	0.4
第2紙	28.0	53.2	2.8	22.0	3.2	0.2
第3紙	28.1	53.1	2.8	22.2	3.1	0.2
第4紙	28.0	52.9	2.5	22.1	3.4	0.2
第5紙	28.0	53.0	2.7	22.0	3.3	0.2
第6紙	28.1	53.0	2.7	22.0	3.4	0.2
第7紙	28.0	53.2	2.6	22.0	3.4	0.1
第8紙	28.1	53.2	2.6	22.1	3.4	0.2
第9紙	28.1	53.1	2.6	22.1	3.4	0.3
第10紙	28.1	53.2	2.7	22.1	3.3	0.2
第11紙	28.1	53.1	2.6	22.1	3.4	0.2
第12紙	28.1	53.1	2.7	22.1	3.3	0.3
第13紙	28.1	53.2	2.7	22.1	3.3	0.2
第14紙	28.1	53.2	2.6	22.1	3.4	0.3
第15紙	28.1	53.0	2.5	22.2	3.4	0.3
第16紙	28.1	53.2	2.7	22.2	3.2	0.2
第17紙	28.1	53.0	2.7	22.2	3.2	0.3
第18紙	28.1	53.1	2.7	22.1	3.3	0.2
第19紙	28.1	53.1	2.6	22.2	3.3	0.3
第20紙	28.1	53.2	2.9	22.1	3.1	0.1
第21紙	28.1	53.1	2.9	22.2	3.0	0.3
第22紙	28.1	53.1	2.7	22.2	3.2	0.3
第23紙	28.1	53.1	2.7	22.2	3.2	0.2
第24紙	28.1	53.0	2.8	22.1	3.2	0.2
第25紙	28.1	50.9	3.0	22.2	2.9	0.3
第26紙	28.1	46.8	2.9	22.1	3.1	0.3
第27紙	28.0	52.6	2.7	21.9	3.4	0.3

（甲巻 15 のつづき）

第 5 紙	28.0	54.2	2.5	22.1	3.4	0.3
第 6 紙	28.0	54.0	2.5	22.2	3.3	0.3
第 7 紙	28.0	54.1	2.5	22.1	3.4	0.5
第 8 紙	28.0	53.8	2.2	22.2	3.6	0.7
第 9 紙	28.1	54.4	2.5	22.1	3.5	0.3
第 10 紙	28.1	54.3	2.5	22.2	3.4	0.3
第 11 紙	28.1	54.3	2.4	22.2	3.5	0.4
第 12 紙	28.1	54.3	2.4	22.2	3.5	0.3
第 13 紙	28.0	54.2	2.3	22.2	3.5	0.3
第 14 紙	28.1	54.4	2.5	22.1	3.5	0.3
第 15 紙	28.0	54.2	2.4	22.2	3.4	0.4
第 16 紙	28.1	54.4	2.5	22.2	3.4	0.2
第 17 紙	28.1	54.3	2.4	22.2	3.5	0.2
第 18 紙	28.0	54.3	2.3	22.2	3.5	0.2
第 19 紙	28.0	54.2	2.4	22.1	3.5	0.3
第 20 紙	28.1	54.3	2.4	22.1	3.6	0.3
第 21 紙	28.1	54.3	2.5	22.1	3.5	0.3
第 22 紙	28.1	54.3	2.5	22.2	3.4	0.2
第 23 紙	28.1	54.3	2.5	22.1	3.5	0.3
第 24 紙	28.1	54.4	2.6	22.1	3.4	0.3
第 25 紙	28.1	53.7	2.5	22.2	3.4	0.2
第 26 紙	28.0	54.5	2.4	22.0	3.6	0.4
第 27 紙	28.1	54.6	2.3	22.0	3.8	0.6
第 28 紙	28.1	54.9	2.3	22.0	3.8	0.3
第 29 紙	28.0	55.0	2.3	22.0	3.7	0.2
第 30 紙	28.0	54.8	2.0	22.0	4.0	0.3
第 31 紙	28.1	54.8	2.3	22.0	3.8	0.4
第 32 紙	28.1	55.0	2.5	22.0	3.6	0.2
第 33 紙	28.1	55.0	2.5	22.0	3.6	0.2
第 34 紙	28.1	54.9	2.3	22.0	3.8	0.3
第 35 紙	28.0	54.7	2.3	22.0	3.7	0.4
第 36 紙	28.0	54.7	2.2	22.0	3.8	0.4
第 37 紙	28.1	53.8	2.3	22.0	3.8	0.3
第 38 紙	(28.1)	6.0	(2.1)	22.0	4.0	0.4
軸　長	29.1					
軸　径	1.6					

＊第 38 紙に軸付けされている。B の数値は軸際まで。

＊第 38 紙は推定値。実寸は、A=26.2、C1=0.2。

（甲巻 14 のつづき）

第 17 紙	27.9	54.7	2.5	22.0	3.4	0.3
第 18 紙	27.9	54.9	2.6	22.0	3.3	0.2
第 19 紙	28.0	55.1	2.8	22.0	3.2	0.3
第 20 紙	28.0	54.9	2.5	22.0	3.5	0.2
第 21 紙	28.0	54.9	2.6	22.0	3.4	0.3
第 22 紙	28.0	55.1	2.5	22.1	3.4	0.1
第 23 紙	28.0	55.0	2.6	22.1	3.3	0.1
第 24 紙	27.9	51.9	2.4	22.0	3.5	0.2
第 25 紙	27.9	54.5	2.7	21.9	3.3	0.2
第 26 紙	27.9	55.3	2.7	21.9	3.3	0.3
第 27 紙	27.9	55.3	2.7	21.9	3.3	0.3
第 28 紙	28.0	55.4	2.8	21.9	3.3	0.3
第 29 紙	27.9	55.5	2.7	21.9	3.3	0.2
第 30 紙	28.0	55.4	2.6	22.0	3.4	0.3
第 31 紙	28.0	55.2	2.7	22.0	3.3	0.4
第 32 紙	28.0	54.0	2.7	21.9	3.4	0.2
第 33 紙	28.0	50.4	2.7	21.9	3.4	0.3
第 34 紙	28.0	55.3	2.8	21.9	3.3	0.3
第 35 紙	27.8	55.2	2.8	21.9	3.1	0.2
第 36 紙	27.9	55.1	2.8	21.8	3.3	0.5
第 37 紙	27.9	55.1	2.6	21.9	3.4	0.3
第 38 紙	28.0	55.1	2.6	21.9	3.5	0.3
第 39 紙	28.0	55.1	2.7	21.9	3.4	0.4
第 40 紙	28.0	54.8	2.6	22.0	3.4	0.4
第 41 紙	28.0	52.2	2.8	21.9	3.3	0.1
第 42 紙	28.0	30.3	2.6	22.0	3.4	0.5
軸　長	29.1					
軸　径	1.6					

＊第 42 紙が軸付けされている。B の数値は軸際まで。

甲巻 15

紙　数	A	B	C1	C2	C3	D
表　紙	28.1	29.1				0.9
第 1 紙	28.0	54.2	2.8	22.1	3.1	0.3
第 2 紙	28.0	54.1	2.7	22.1	3.2	0.4
第 3 紙	28.0	54.1	2.3	22.2	3.5	0.4
第 4 紙	28.0	54.1	2.3	22.2	3.5	0.4

尊経閣善本影印集成 59
小右記（しょうゆうき） 四

発行　平成二十九年二月二十五日
定価　（本体三二、〇〇〇円＋税）
編集　公益財団法人　前田育徳会尊経閣文庫
東京都目黒区駒場四-三-五五
発行所　株式会社　八木書店古書出版部
代表　八木乾二
東京都千代田区神田小川町三-八
電話　〇三-三二九一-二九六九（編集）
-六三〇〇（FAX）
発売元　株式会社　八木書店
東京都千代田区神田小川町三-八
電話　〇三-三二九一-二九六一（営業）
-六三〇〇（FAX）
製版・印刷　天理時報社
製本　博勝堂

ISBN978-4-8406-2359-9　第八輯　第４回配本

Web https://catalogue.books-yagi.co.jp/
E-mail pub@books-yagi.co.jp

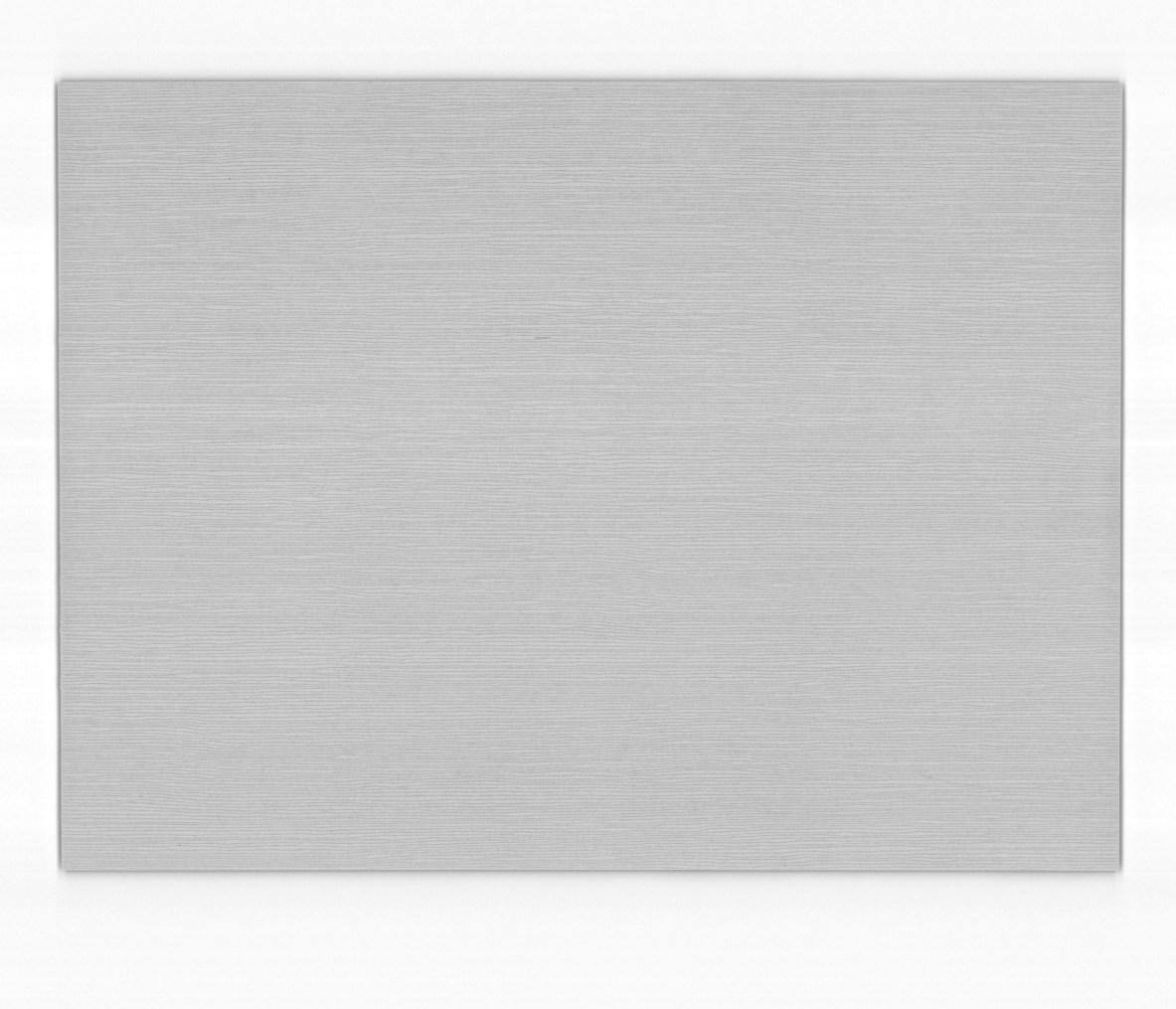